廢人心理學三部曲之

〔第二部〕廢人與曖昧

每個孤獨，
都有自己的**個性**

不是想死，

只是不知道怎麼活下去

蔡榮裕————著

根據精神分析的理論，個案會在移情裡阻抗我們、拋棄我們，而我們要守住治療結構，守住這個行業來維生，時時刻刻，是我們生存之戰的景緻描繪。

　　雖然比昂（Bion）宣稱:「沒有記憶、沒有欲望」，我們仍需要體會，那些無力感、無助感和無望感，它們會打扮成什麼模樣，從個案那裡穿梭時空而來？

　　我們可能不記得，除了生存，也是在生活——治療師的工作是種日常生活，精緻手工業般的生活，這也一直是我們生存的課題；為了要生存下去，所累積的文字描繪，是我們生存的理論，也可說是精神分析對於人類心智理論的貢獻，或稱為「精神分析的後設心理學」，湊巧地，那也是人被拋棄後，還要繼續活下去的理論。

　　對不少個案來說，活下來後，還要生活，生活反而比生存更難熬；他們拼命為了生存而活下來，卻不知道怎麼在日常生活裡慢慢地活著——這是人生的曖昧嗎？

　　因為「曖昧」，治療師聽不懂個案的話，一如個案不懂治療師的話。但彼此都是為了要生存下去，左思右想，努力說出如何活下去的理論和言語。「生存」是只要活下去，但「生活」除了要活著，還要活得有自己的尊嚴、品味和風格......

目 錄

推／薦／序

曖昧也是一張網

　　我曾經擔任過榮裕的翻譯，數度，將他的話，不論是致詞、或意見、或詩意的聯想，翻譯成法文。一度，當我為此沾沾自喜時，他的同事們紛紛出聲來剝奪我的光彩：「我們也都在天天翻譯蔡醫師啊！」

　　一位作家，能擁有這麼多譯者，應是無上的榮譽吧？我想……

　　這回，翻開榮裕的新書，他的第十部作品，跨入二位數的里程碑，我立即感受到一張綿密的網罟。接著我很好奇，《廢人與曖昧》給我這第一印象來自何處？當我又重讀數次本書的頭幾頁，隱隱發現了可能的成因：

　　有一張意義交織的網，它的線索伸向遙遠的過去、無垠的遠方。

　　我的無意識又自作主張翻譯了我的閱讀，而我從來無法控制它想往哪個語言翻。

　　「孤獨」、「曖昧」、「奶水與淚水」、「苦海/空洞」，被我同時而一致翻譯為拉丁文。

　　「孤獨」的狀態或心境，在許多語文中，是「單一」的延伸。例如英文的「只有」：only，「獨自、孤單」：alone與lone，都來自於「一」：one。而拉丁文的

「孤獨」：sōlus，據學者的推測，可能與「分開、分離、分別」的字根有淵源。於是，孤獨並非天然的狀態，而是「外力造成」的。它的衍生形容詞：dēsōlātus，「荒蕪、荒涼、渺無人煙」，是把人、把其他人、把原地的生命驅趕走的後果。

這不也是《廢人三部曲》的軸線之一嗎？

榮裕前一部作品的主標：《生命荒涼所在，還有什麼？》（無境文化，2020)，不僅在本書的孤獨裡找到延續，找到淵源，也找到了作者所說的「餘地」。

但生命中的餘地，是在生命的荒蕪之中，或者之外？又或者......在閃爍的昏光中？

關於「曖昧」，至少我們用來翻譯為「曖昧」的歐洲語文，都沿襲拉丁文ambiguus一詞，它的原初意義是「既可以做這樣、也可以做那樣」。它的字首ambi-，不只是相對於一個的「兩個」，而是相對於單一的「雙面」。

曖昧，是兩種做法、兩套說辭、兩項見解，都可以。縱然它們是相反的，是矛盾的，是針鋒相對的。

我因而想到，曾聽過一位法國分析師對精神分析的定義是：「精神分析是什麼？就是你來跟我說一件事，而我能告訴你，你說的其實不是這樣，卻是另一回事。」（他雖沒有強調，但我相信，所謂的『能』，我能告訴你的『能』，是一種專業的能力。）

精神分析，可讓思維與認知由固著變得曖昧，進而給生命一個多元的機會嗎？

　　至於曖昧能不能作為孤單、荒蕪、與空洞的一條出路？在〈曖昧：不是想死，只是不知道怎麼活〉（p.50）一章裡，榮裕有漸進式的精闢分析。

　　此外，曖昧也帶著我們走入一個極特殊的文學傳統。

　　而那正是所謂的「廢人」，穿越孤獨之後的人......

　　「孤獨」，在工業文明之前的過去，面對的是荒蕪的世界。荒蕪，是一種與文明的相對距離：被文明所遺忘的小島，或是遺棄文明的離群索居。但十九世紀之後，精神醫學漸次興起的時代，人的孤獨，透過文學的表現，變為面對自己、面對自己的異常、面對自己的不為人知、不為己知的一面。

　　從果戈理的《鼻子》（逃逸的身體殘缺部分）、愛倫坡的《威廉・威爾森》（同名同姓、同年同日生的入侵他者），到杜斯妥也夫斯基的《分身》（或譯為《雙重人格》）、史蒂文生的《化身博士》，乃至莫泊桑的《歐赫拉》所描寫瘋狂的逐步侵蝕。從荒謬、幻異，到憤怒、驚悚，乃至崩潰，故事中的主角，或遲或早，終將面臨一個孤獨的關鍵時刻：

　　如果那個人是我，那麼「我」是誰？

　　如果那個不正常的人，違悖社會規範、人倫禮俗而

能活得好好的，為什麼「我」這樣一個正常人，卻活不下去？

這種時刻，在曖昧的明暗間搖擺，他們尤其感到孤立無援。他們既無法幫助自己，或許也不希望別人幫助自己，因為幫助而受益的，永遠都是不該被滋養、卻日益茁壯的「另一個」自己。

在悲劇式的對峙衝撞下而扭曲、而犧牲的，或許會被社會視之為廢人？但在同一個年代，還有另一種生存的態度：他們不積極、不進取、無活力、情感休眠、對塵世的擾攘漠不關心。他們還有沒有思考？還有沒有慾望？需不需要任何物質或心靈上的撫慰？他們能以這種曖昧的生活態度面對生命，但其他人、但我們，又該如何面對他們？這些令人無可奈何的「廢人」。

對於廢青的形象，刻畫得最淋漓盡致的，是處於文明邊陲、新舊時代交疊的俄羅斯作家契訶夫。而契訶夫，也是一位醫師。他不只是醫師，更是一位入世的醫師。

每當我想到網，我就同時想到曖昧。因為有人看到交錯、嚴峻、隔絕的繩索，但有人卻看見洞。沒有一格一格空隙漏洞的網眼，「網」，是無法運作的。從最初，網的發明、網的設計、網的目的，本就不是要捕捉空氣、捕捉水、捕捉自由或幸福的。

我用翻譯，替榮裕的新書，編織了一張網，但我不

是要捕捉這部作品的意義。

我想，我只是試圖捕捉榮裕的捕捉：我們都是用文字捕風捉影的人。寫作的人。

但也許，我更想說的是，寫作，是一個孤獨而寂寞的過程。榮裕長年來鍥而不捨地寫作，他定然了解此刻我想說的是什麼……

在這篇短短的書序裡，我留下一個未加解釋的漏洞。那或許是我們同執一張網，或同在一片網下的原因了。而那，不論你是作者、或是讀者。

葉偉忠
法國巴黎索邦大學拉丁文博士
古希臘文/拉丁文碩士
法國文學學士
文字工作者

文字做的夢

/謝佳芳

　　蔡醫師有很多不好說的話想要說，每天不懈怠地一點一點寫下來，彙集成冊，造就了一年出兩本書的成果，這些像是散文，像是詩，像是劇本，像是小說的篇章，彷彿是文字做的夢，不想吵醒誰，但也從不放棄去說服這個世界理解他。

　　蔡醫師在這本書裡討論孤獨、曖昧、等待等命題，從臨床經驗出發，把語詞想成有個性的人，也在沒有經過太陽與月亮的同意之下發他們通告來演戲，這些劇場般的手法讓語詞活了起來。談到「曖昧」，他嘗試用這個詞來替代「阻抗」，他說「阻抗」這個字已經被僵化，讓我們看不見「阻抗」裡有的活潑的生與死，有著文明如何活下去的跡象。精神分析裡的確有這樣的現象，比如說從前常用的Acting Out 一詞，用久了之後已經了無生氣，甚至常被拿來當成一個標籤，貼在讓治療師不知所措的病人身上，然後就此案件偵查終結，停止思考，這是一個語詞的死亡。蔡醫師奮力地和這種現象搏鬥，是他身為醫師的特質使然嗎？在語詞還有生命跡象的時候，注入各種思考讓它能夠繼續活著，比如說在我以為讀懂了曖昧的意思，就是在兩種狀態的中間吧，有點像

過渡空間，蔡醫師就緊接著提出曖昧也不是溫尼考特說的過渡空間，你看，他要你繼續想，別那麼快下結論呢！

談到等待，蔡醫師提出了淚水與奶水的比喻，他問到「治療師在診療室裡的等待，有多少成份像是媽媽在等待嬰兒快點長大呢？何以需要快點長大呢？如何讓嬰兒文明化，讓嬰兒的作息，變成大人世界的作息結構？除了父母雙方各自的心理狀態外，嬰兒出生後，被加進這場時間結構的戰爭，如何訓練剛出生的嬰兒，能夠盡早適應大人的生活時間結構？」這些問題與論述讓我想到阿根廷精神分析師José Bleger在他最有名的討論共生（symbiosis）的文章Psycho-Analysis of the Psycho-Analytic Frame裡談setting，他認為setting可以分成分析師提供的setting和病人自己帶來的setting，分析師需要去「接受」病人帶來的setting，因為在那裡面可以發現所有最原始的，沒有被處理過的共生，他說：「病人的setting是他和母親的身體最原始的融合，為了要改變這種共生，分析師的setting必須能夠被用來重新建立這種最原初的共生」。我常覺得剛出生的小寶寶是外星人，第一次來到地球，還在調時差，或許在治療室裡面也可以這樣想想看，病人在他的小宇宙生活了那麼久，有一套自己的時間運轉方式，治療師也有自己的，當我們在治療室裡相遇，這兩個心裡運轉著不同星球的人要怎麼一起活下

來？José Bleger談共生和蔡醫師談等待，或許可以有些對話。

　　2018年開始，蔡醫師在臺灣精神分析學會的支持下，號召了很多夥伴組成線上辭典翻譯小組，和國際精神分析學會（IPA）合作，翻譯IPA精神分析百科辭典（IPA ENCYCLOPEDIC DICTIONARY OF PSYCHOANALYSIS），目前已經翻譯了Countertransference，Enactment，Setting等詞彙，精神分析能夠以繁體中文的樣貌活著，並且讓世界看到，是一件很振奮人心的事情。

　　從佛洛伊德種下種籽開始，這一棵百年大樹，能夠在世界各地結出果子，靠的不是佛洛伊德一個人，也不是後來幾個叫得出名字的大師而已，是一直在加入的人們，是現在看著書的你們，願意付出時間與精力，從這株大樹分出新枝葉，小心翼翼地接回家，養在自己的心裡，有一天，當你們用自己的語言說著精神分析的時候，精神分析就又迎來了一朵新奇的花。

謝佳芳
國際精神分析學會精神分析師
諮商心理師
紐約IPTAR成人及兒童精神分析訓練

有無止盡的曖昧，有無止盡的閱讀

/劉又銘

在有盡的生命之中，不得不體驗生命的侷限，與死亡的破壞，累積於這兩方之間的體驗乃是無盡厚重，如何在有盡之間裝載得下無盡厚重的感覺？與之相處，有無止盡？在閱讀了蔡醫師於本書末的〈無可了解、無可確定、無可撫慰〉一文後，我興起了這樣的「疑情」，並想從這個點出發作為回應「廢人與曖昧」的起點。

廢人心理學三部曲第二部「廢人與曖昧」，蔡醫師再次發聲，一步一步鋪下通往心之深處的前進道路，在迂迴之中慢慢堅定前行。我們見到孤獨的廢人，從第一步的荒涼之中，再踏向這一步：曖昧。

踏入廢人心理學第二部曲的第一步，所見到的便是自有生以來即開始的難題：「每個孤獨，都有自己的個性──不是想死，只是不想活」(p.43)。我於是跟隨著這句話想起了，人生種種要死要活、半死不活的困難處境。存在於死活之間一息尚存的感受與思索，則為此提供了掙扎之地：那地方不是人間樂土，倒像是逃難之處，那地方經由「活下來」與「死掉了」的揉合，造就了死活之間留有曖昧的餘地。那地方有些什麼？做些什

麼？是死？是活？可能不是我們以為的，那樣容易取捨的是非題選答，而是近似於對人生人死之間留有願望的申論題文章。蔡醫師的文章中，在這些地方不斷聆聽、探討、延伸與翻譯，閱讀這許許多多生死之間半死不活的心聲。

當閱讀下去，路越走越遠的時候，眼中所見乃是越來越多條蹊徑。藉著聽見並談論這些生死之間愛恨交織的心聲，我們是否能夠將生死之中的難題解析？可否藉著談得更多，彷彿誕生了走出一片荒原中的感受呢？一路的足跡，來自荒原的衝擊，那些死而復生的記憶，終究被發現蘊藏著更多想要活下去的失敗與成功。我們能窺見廢人們是如何與這些相處而走過荒原的嗎？

在本文中，「孤獨」是第一個登場的了，而且還很有個性，「每個孤獨，都有自己的故事，自己的個性，也有不同的命運，不是想死，只是不想活。就這樣，有著不同的銅像，走來走去，都叫做孤獨。」是啊，生的時候，死的時候，都有著孤獨的陪伴，孤獨做為兩邊的共同陪伴者，是很適合利用它獨一無二的存在，走來走去呢！生也孤，死也獨，人世間充滿孤家寡人（雖然實際上可能是在滿滿家庭中才成為孤家寡人的）、孤魂野鬼（不是想死，只是不想活，無法活）。孤獨與廢人怎麼樣走過來的呢？在這種難以陪伴的情況下，要陪著生死之間的難題。蔡醫師說，「甚至『孤獨』早就是自己

長大的存在，不是人感到孤獨，而是『孤獨』不斷的依著自己的方式成長，它再回頭來說話，讓人感受到它的存在，雖然在先前它是被拋棄的。」(p.47)孤獨陪隨著廢人長大，或許像是不得不的紀念，無法哀悼故而凝結成為銅像，矗立在人生之中，做為保留那無法言說的感受存在之地的一個移動地標。

在有盡的生命之中，不得不體驗生命的侷限，與死亡的破壞，累積於這兩方之間的體驗乃是無盡厚重，如何在有盡之間裝載得下無盡厚重的感覺？與之相處，有無止盡？孤獨銅像夠不夠力能夠承載這些重量？孤獨需要幫手嗎？第二個登場的，是「曖昧」的舞台。

曖昧的舞台，有趣而令人玩味，因為有這個地方，各種可能變得得以「存活」。直觀地想起，青春年少時那曖昧不明的戀情，能愛？可愛？這愛能否被愛？被接受？所有混沌不明的憂愁與焦慮，不確定的信念，不可靠的期望，當愛情如果不被接受就彷彿只有死去一途的衝動，如此害怕，該如何跟這樣的自己相處？於是有了曖昧，於是產生了曖昧，於是在曖昧之中，不生不死，有愛有恨，那些陰晴難圓，於是借住在曖昧之地中，愛恨流動著。這是關於如何求其生不知可得否的曖昧。而關於聞其死不知如何否的曖昧，關於結束、關於家破人亡、關於再也回不來的淒涼景色，如何說出「啊，這就是死了」？很多時候太難，只好寄托給了曖昧。而在曖

昧之中，那些說不清楚的話，也許有著「說不清楚」的
任務，又要如何繼續說下去呢？

　　常常是，逃脫好像比理解什麼更重要，被曖昧搞得
很煩，以為去曖昧化就好，將事情好好說出來就好。但
套一句蔡醫師說的：如何才不會以為事情只有這樣子而
已。蔡醫師說：「何謂『愛恨是難分難解』？真的是這
樣嗎？愛和恨怎麼會分不清楚，它們不是條條分明的
嗎？這是期待，很多人的期待，也許符合人性的期待，
但是期待和實情可能是兩回事。（中略）更重要的是，
需要一些語詞，讓我們遠離二元對立的說詞。」(p.57-
p.62)我並不樂觀也不悲觀地，既正向也有負向地說，我
們像是作繭自縛的靈魂，在生死之間被痛苦擺弄著，而
發明了讓痛苦暫住的曖昧方式，接著反過來期待脫離這
令自己窒息不已的感覺，然後又發現逃離了曖昧的沉
重，要繼續前進時，回返的是痛苦的經驗。雖然，或許
已經能夠以不同的方式逃脫，或是不同的方式讀取這些
痛苦，這是否會是新的經驗呢？會是新的出路嗎？而又
通往「無可了解」的哪裡呢？

　　在談論曖昧之時，蔡醫師有很有趣的書寫方式，用
同樣的開頭語句，說了一段，再說一段，說了三段，也
許用流行的說法是，因為很重要所以說三次！也許因為
要為不同而各自存在的「孤獨」發聲：「憤怒的抑鬱、
邊緣分裂和自戀的同時存在（中略）本文嘗試從這三種

臨床現象，合起來談論技術的觀點（中略）它們之間有所差異，各有不同的話想說，只是本文是採取三者一起合談的方式來書寫。」(p.50-51)而我私自想的是，也許還因為這樣很有用。從廢人所說的曖昧的話語，在曖昧裡出發，一遍一遍的提問，爾後藉著一遍一遍的回答，走出了不同的生命。至少一遍又一遍之後，開始知道事情不會就只有這樣子而已。

在有盡的生命之中，不得不體驗生命的侷限，與死亡的破壞，累積於這兩方之間的體驗乃是無盡厚重，如何在有盡之間裝載得下無盡厚重的感覺？與之相處，有無止盡？我說啊，儘管已在這人世間看過許多次孤獨、曖昧、與廢人，是否仍也可藉著不同次的閱讀而每次得到了不同的生命？

那麼，閱讀有無止盡？

我想，可以的是，在時間的有盡尚未到來之前，再閱讀一次。

劉又銘
臺中美德醫院精神醫療部主任
臺灣精神分析學會精神分析取向心理治療師
臺北市立聯合醫院松德院區門診兼任醫師

聽說「蔡醫師有個詩人夢」

/洪雅琴

　　接到蔡醫師撰寫推薦序的邀約，心緒頗為興奮與複雜，因為蔡醫師不僅是臺灣精神分析圈的大家長，他也是我的前輩、恩師與老朋友。

　　我在很久之前就聽說蔡醫師想寫作，想當文學家和詩人，當時只覺蔡醫師鴻鵠大志，百忙抽空從事寫作工作，想必將是非常不容易的事業吧？沒想到，這幾年每隔一段時日，就會收到他親筆簽名的精神分析系列專書，蔡醫師的每一本專書都有一個鮮活主題與動人副標題，每每帶出他對精神分析理論與臨床實務的活潑運用，如他的第八本專書《失落的空洞感：在佛洛依德的古典臉色裡找自己》。剛出爐的熱騰騰印刷本，一翻開就看到蔡醫師極具詩意且風格獨特的簽名：「說自己只是腿長的苔蘚植物　蔡榮裕2018.08.28」。是啊！只有文學家和詩人的心思和情感，才能夠如此恣意揮灑著潛意識的痕跡與夢的腳印。

　　最近蔡醫師陸續發表了廢人心理學三部曲，第一部曲是：《廢人與荒涼；生命荒涼所在，還有什麼？》當我看到主標題：「廢人與荒涼」時，第一個反應是：

「哇，蔡醫師的文字口味越來越重了，『廢人』這個字眼也未免太駭人聽聞，攝人心魄了吧！」然而，隨後映入我眼簾的副標題：「生命荒涼所在，還有什麼？」，卻讓我當下有種胸口被狠狠捶打了一下，失魂落魄的感覺；好似這簡簡單單的一句話，已經說完了曾經或正在造訪我診療室的所有蒙受身心痛苦與情感磨難的人們，他們生命中最幽暗晦澀的部分。

> 當他走到荒涼的地方時，他甚至不知道「荒涼」是什麼意思？他只是走回心中，很久以前被他拋棄的所在。雖然大部分的人都認識他，他每天依然走在無人的暗巷，或擁擠的市場。
> 荒涼的所在，還有什麼嗎？

——蔡榮裕，《生命荒涼所在，還有什麼？》

我猜佛洛伊德會說：「廢人應該就是指病人處在一種典型的抑鬱(melancholia)狀態吧！」病人知道他失去了什麼，卻又無法真的明白他究竟失去了什麼？也因此病人不會有機會跟他所失落的告別，並且好好哀悼。同樣的，廢人往往活在「假我」的軀殼或盔甲之中，無能接觸內在真實自我的情緒與感受；廢人也許努力模仿著別人的情感和人生，讓自己看起來還人模人樣的，結局卻往往是自相矛盾，自我反對；廢人的笑中帶淚，淚中帶

笑，最終仍是自己的陌生人。

蔡醫師的文學創作與玩耍能力大爆發

過去我在閱讀蔡醫師的《水仙與櫻花：自戀的愛與死》（無境文化，2019)時，曾寫下：「迫不及待地讀了幾篇，然後快速陷入一篇篇如詩如夢如幻般的文字謎團，一幕幕扣人心弦且複雜難解的臨床場景中。我的思緒與情感則跟隨著蔡醫師的自由聯想而陷入潛意識的巨大黑暗與深邃之中，這是成人版的愛麗絲夢遊仙境嗎？」一路下來，蔡醫師從潛意識與夢境般的文字與書寫風格，到這次新書「廢人與曖昧」的出版，出現了令人感到驚喜與驚艷的變化。

蔡醫師的新書寫作構思縝密，且結構更加完整成熟，全書以幾種活潑的文體風格呈現各式各樣的曖昧，真是一整個曖昧到不行。可惜廢人心理學之下的曖昧，讀者可能無法一廂情願的期待力比多指數激增，令人目眩神迷或血脈賁張的內容，只因死亡的黑暗勢力與陰影如影隨形，力比多能量顯得搖搖欲墜。本書持續了蔡醫師的一貫風格：以令人迷醉的小詩，引入或是穿插每個篇章內容。首篇：〈曖昧：不是想死，只是不想活〉，有著發人深省的臨床觀察與理論辯證，蔡醫師反覆寫了這麼一句強而有力的話：「什麼時候，淚水失去了創造

出奶水的能力」(p.79-80)，出生是失落，斷奶是失落，人生處處是失落與創傷，一步步遠離伊甸園與天堂，自戀與全能自大一寸寸凋零，真實與幻覺的差別在於每個人忍受不斷失落與失望的能力。而在〈等待：奶水和淚水之間有多曖昧〉一文中，則進一步論述了好乳房缺席，斷奶與分離個體化等成長的苦澀代價。

另外，還有非常能夠引起我共鳴的小小說〈苦海：空洞在這裡，曖昧在他方殘酷〉，蔡醫師的臨床思考和語言描繪非常細緻深邃，對於移情與反移情關係的掌握之精準讓人有一種：「啊哈！」的痛快感，讀來實屬享受。由於我的診療室也經常出現高度身體化的精神官能症病人，其心理治療工作的確就是這麼複雜難解，又不得不亦步亦趨，有時像拆地雷般，得時刻戒慎恐懼，有時覺得自己像福爾摩斯探案，得小心注意種種曖昧不分的蛛絲馬跡。本書中最令我感到愛不釋手的部分是劇本：〈月亮跟太陽說著人的暗夜（或是曖昧吧）〉，蔡醫師創造出月亮與太陽之間浪漫的家庭羅曼史，還有流星們不斷來攪局，當他們說情話時的電燈泡……。

「廢人與曖昧」全書內容雖屬晦澀幽微，進出黑暗世界的領地也的確需要先深呼吸一下；然而，每個篇章的閱讀都讓我深感欲罷不能，並且在理論或臨床實務上都有更深刻的體察，心中的植物芬多精緩緩上昇，精神情緒無比舒暢愉快。

關於「無可了解、無可確定、無可撫慰」

路過小時候的故事
春天的雷聲
不是隨便來的
雨滴從青澀桃子流下來的
不只是老式的心情
還有藏在短褲口袋裡
隱隱害羞版
青少年的臉紅
就是要心花
一直開(p.42)

　　蔡醫師的詩讀起來真美，甚至有一種香香甜甜的嗅幻覺，「青少年的臉紅，就是要心花一直開」，我好奇著如今廢人內在的死寂荒涼，加上青春期的力比多與費洛蒙，是否交織成愛與恨，生與死，希望與絕望，理想與幻滅，彼此之間的曖昧糾纏？況且「路過小時候的故事」真的是純真年代的美好回憶嗎？或者小時候的故事其實是不復記憶，難以觸及，無可言說，混沌未明的一種恐怖狀態，以至於廢人並未覺察，也真心不想知道自己正在「路過小時候的故事」？

　　我想起當年進行博士論文臨床研究期間，我邀請蔡醫師擔任我的督導及論文口試委員，蔡醫師總是情義相

挺，讓我在茫然無助的時刻，內心有了依靠。蔡醫師的診療室光線柔和而昏暗，在那裡，蔡醫師陪著我促膝討論一位犯罪少女的密集心理治療工作。這份持續半年，長達五十二次的心理治療關係中，少女來了二十幾次，缺席了二十幾次；我常常不知道這次少女會出席嗎？還是又再度把我一個人留在診療室中，我到底應該繼續等待少女的到來，或是乾脆在內心默默放棄希望？隨著時間一分一秒過去，我在希望和絕望之間掙扎著，愛與恨，生與死輪流出現。(洪雅琴，2005)——難道這不是「廢人與曖昧」的另一種版本或變奏曲嗎？

幸運的是，就算是我又被少女放鴿子，晤談時間一結束，剛好是我從新店地院趕赴松德院區接受蔡醫師督導的時間，蔡醫師結合了穩定有力量的父親形象，與充滿耐心、細緻情感的母親形象；無論晴天或雨天，蔡醫師準時端坐在那裡等候著我，為我撫平剛剛還糾結難解，上下起伏的心緒與情感；幫我抹去我身上被少女澆灌的一桶桶冷水。

雖然只有短短半年時間，我與少女之間的治療關係充滿著不確定感，治療剛開始，懵懂的我還抱持著興奮和期待，旋即進入有時候微微酸甜且氛圍曖昧的捉迷藏遊戲中，到中後期越來越清晰的展演出一種強迫性重覆的施虐與受虐，誘惑與被誘惑，遺棄與被遺棄等種種充滿苦澀與折磨的互動關係。有時候我扮演了早年遺棄她

的母親，更多時候是由她來扮演內在忽略遺棄的母親，而指定了我成為她，成為一個完全無能為力，不斷充滿希望又注定失望的兩歲小女孩。

> 或有人會想到卡夫卡在小說《蛻變》（The Metamorphosis）裡，那位上班族在某個早上醒來時，突然變成了一隻難以描述清楚的蟲，……從人到蟲，只是一夜之間，睡個覺的距離嗎？那有多遠呢？或者很近，只是一直被忽略。有什麼可以撫慰這種心思嗎？是要撫慰什麼呢？在廢人的盔甲上，以撫摸傳達著安慰嗎？
> 我們的話語被說出來後，能夠安然抵達盔甲的所在嗎？(p.267)

是的，少女說她才兩歲大的時候，母親因為連續生了四個女兒被爸爸離婚了，爸爸就是渴望得到一個兒子（應該是閹割焦慮的行動化吧），於是她一夜醒來之後，從此成為一個沒有母親的小女娃，就算是拼了命哭喊，從此她的「淚水再也喚不回奶水」。更糟的是，據說媽媽在遙遠的地方從事八大行業，奶奶不准母親來探視她，母親的名字變成了「那個女人」，如今她連思念母親的權利也被剝奪了，失去情感依附對象的她，逐漸流失語言表達的機會與空間；隨著青春期的到來，少女內心的

空洞越挖越大，情感失序與暴亂則越演越烈，於是我在法院遇見了她……。

> 如何在「餘生」的荒涼裡，有「餘地」活著，並且活下去呢？(p.269)

> 面對失落和空洞的心理狀態，就算極力地讓自己依靠其它殘存的能力活下來，那個空洞終究是空洞，除非我們可以接受這是一種了解，但這種了解是什麼呢？當面對的是空盪盪的所在。(p.287)

　　治療關係的後期，少女終於明白有一個人總是在那裡等著她，每一次足足等了五十分鐘，無論她是否出席。少女最終知道有一個人在那裡，為她而存在，因此她開始學會了「請假」這件事情。雖然到最終，母親仍然是一團謎，是一個禁忌，難以觸及，不可言說，而少女哀痛失落的心，也注定「無可了解（unknown），無可確定（uncertainty）和無可撫慰（unconsoled）」(p.284)；所有我所能做的就是待在這個逐漸被躁狂防衛所推開並且不斷擴大的空洞裡頭，紮紮實實的領受少女所需要我領受的這一個空盪盪的所在，不是嗎？

　　多年之後的我，仍持續在精神分析理論與實務操作的學習道路上，我越發體會到原來分析師需要和病人

「失落的空洞感」(蔡榮裕，2018)同在，努力節制自身的行動化衝動或躁狂防衛，設法讓自己待在這種茫然無助且絕望的煎熬處境中。在黑暗中與病人產生一種情感的共鳴與聯繫，如此才有機會潛入病人無意識深處，涵容住病人不斷墜落的靈魂吧！

尾聲

上述臨床研究個案素材多年前已發表於期刊論文中(洪雅琴、李維倫，2007)，此刻藉由蔡醫師「廢人與曖昧」中所開展的，精神分析專業職人臨床思考與不同的理論視角，回頭把我過去跟隨蔡醫師督導的臨床研究個案，重新分析交互辯證一番，作為我對前督導暨恩師蔡榮裕醫師的致敬與致謝。

洪雅琴
臺灣精神分析學會精神分析師候選人
諮商心理師
曾任文化大學心理輔導學系專任助理教授、副教授

參考文獻

洪雅琴(2005)。受保護管束犯罪少年心理分析治療的詮釋現象學研究。國立台灣師範大學教育心理與輔導研究所博士論文(未出版)。

洪雅琴、李維倫(2007) 。一位犯罪少女的置身所在：家的錯落與回返。本土心理學研究，28，141-196。

蔡榮裕(2018)。失落的空洞感：在佛洛伊德的古典臉色裡找自己。台北市：無境文化。

蔡榮裕(2020)。廢人與荒涼；生命荒涼所在，還有什麼？台北市：無境文化。

孤獨從未孤獨，等待還在等待

/許熏月

> 手沒有放開它舉著的重負，但它似乎棄絕一切外
> 物，把所有希望寄託於自己的力量之上。這種棄
> 絕非常特殊。這不是一個生命被世界遺棄，跟不
> 上世界的前進步伐而感到的孤獨。相反地，或許
> 我們可以說，體會到這種孤獨的，是一個跟不上
> 自己腳步，和自身脫節的生命。他忍受著自我和
> 自己的脫節，無法和自身在瞬間相會，雖然他早
> 已永遠地介入了瞬間。
>
> —— 伊曼紐爾・列維納斯，《從存在到存在者》

認識蔡榮裕醫師，是從聲音開始的。

猶記得，當時在二院區6樓左側長廊，黑黑暗暗，毫無人煙。每週三，一起督導的同事和我輕手躡腳地，深怕打亂這個構成奇幻空間的物品秩序，從隔壁會議室拖出椅子，再拉進他的辦公室兼治療室，裡頭燈光昏黃、滿地書籍，看不清楚臉孔的彼此，用聲音交換心理經驗的想像。精神分析加上蔡醫師的言語，對那時的我而

言，總是虛無飄渺的。言語化作音符在空中飛行，想伸出手卻什麼也抓不著，撲空的手無功而返，只能繼續捏緊A4紙的回憶稿，伺機而動。

聲音，是精神分析之所以能夠精神分析的開始。我說話，是想要被聽見嗎？我不說話，也是想被聽見嗎？想被誰聽見、想被用什麼樣的方式聽見？想，是欲望，它有對象。有對象，就有等待；有等待，孤獨就來了。

閱讀蔡醫師的第十本著作《廢人心理學三部曲——第二部：廢人與曖昧》，我想起了久遠的一個青少女個案。她說，媽媽在她還小的時候就離開家了，媽媽離開前一晚，她和媽媽躺在床上，黑暗中，媽媽喚了她的名字、牽著她的手入睡，那種感覺很奇妙。她在說這些話的時候，手微微地緊握，彷彿當時媽媽的手還在她的手中。她說，爸爸不夠好，愛喝酒賭博，媽媽受不了了，就回她的國家去了。「我要等到長大後，等到自己可以賺錢後，買機票去找她」，她說：「可是，到時候，我還記得她長什麼樣子嗎？」

她緊握的手，還想抓住什麼？她長大以後，還有什麼無法長大？

孤獨與遺棄的概念相近，但更加靠近嬰兒時期的無助狀態。人們通常這麼說：「我感到孤獨，沒有他人在旁」，然而矛盾的是，當他人在場時，自我同樣會感到無比孤獨。嬰兒看著母親，等待並欲望著母親的回應。

那麼，空洞失落的母親的眼睛看向誰？欲望的他者又是誰？父親，於是就在母親眼神的餘光裡，擁有了位置。孩子的孤獨，可能是承繼了母親的孤獨；而母親的孤獨，也許融合了父親給出的、或早期從自己母親那裡遺留下來的孤獨。世代的遺傳，註定了永遠孤獨的必然。

即便，溫尼考特（1958）提出了「獨處能力」，讓我們對孤獨有一種新的認識：「幼兒早就在媽媽身旁經驗過孤獨，藉由內化客體母親，而獲得獨處能力。」但我們依舊疑惑，為何人仍因孤獨而痛苦、無助，並退行到宛若嬰兒毫無反應能力般地需要他者的注視與餵養，甚或憐憫？退行到無助狀態的孤獨，可否說是嬰孩式（infantile）的孤獨？所有遭逢的孤獨，是否都只能歸入早期關係的影響？〈孤獨〉篇章裡，蔡醫師想為孤獨找到更多的孤獨，讓孤獨成為它自己，於是，「當整個世界都遺棄他的時候，『孤獨』卻以他的名字，做出遺棄全世界的舉動」（p.48）。

長大的議題，在《第二部：廢人與曖昧》當中，隱約但深入牽連（linking）孤獨與等待之間的關係。青少年期，作為一個長大的必經通道，第二性徵的出現明確地開啟了此通道的門，進入所謂長大的奇幻旅程；然而，至今卻還沒有一個鮮明的象徵物，能夠確切地為我們關上青少年時期的門，讓人們可以很確信地說：「我長大了。」事實上，在我們身處的文化裡經常聽見，無論幾

歲的人，仍舊被父母、他人、甚或自嘲地說：怎麼老是長不大！「長不大」的圖像，似乎在我們的日常生活中佔有某種特殊地位，它作為握在手中的一項武器，攻擊他人，同時也攻擊自己。

那麼，在「長大」二字之間，塞入一個否定的「不」，指的是不要、不想、不會、不必，還是不什麼呢？長大裡面的「不」，隱含著說話者的欲望，包裹著一個若有所失。

《論自戀：一篇導讀》中，佛洛伊德提出青少年的主要任務是能夠擺脫雙親客體，以在真實世界中找到全新的客體。兒童期與青少年期都有重新改組、重新協定如何與客體連結的任務，只是，其方向恰恰背道而馳。兒童期將孩子從真實母親身邊分離，把真實母親內在化；相反地，青少年期則是把孩子從被內在化的母親客體分離開來，為了引領他去遇見一個新的真實客體。在這裡，或許我們可試著猜想，青少年期開始的孤獨，並非完全是早期關係中，需要藉由玩著丟出去、拉回來的遊戲（fort-da）來化解被遺棄感的那種孤獨；與之平行地，或許是主體對於要遺棄內在客體，充滿罪惡感，因而繼續乘載內在客體的重量，無能放手尋找真實客體的某種孤獨？

原自戀的後設心理學至今仍未有定論。倘若我們同意佛洛伊德（1911）嘗試描述原自戀像是一個與外界隔

絕卻能自給自足的系統，那麼，也許就能靠近蔡醫師在
〈等待〉篇章裡畫出的原自戀的位置，「『自戀』，是
從一開始可以在毫不需要外在現實和客體的支持，只相
信自己的那種力量」（p.106）。他試圖找回人類具有原
始創造能力的位置，那是在母親的溫熱奶水尚未淌至唇
邊之前的心理狀態，那是前語言期的時間點，是至今即
便我們擅於使用語言，卻還未能到達的地方。或許是這
樣的：在早期關係的更早之前，有一個無對象的、或是
未分化的狀態。只是，我們不知道這個「狀態」是主體
尚未與外界斷裂分離，彷彿徜徉在大海中、與世界融合
為一的感覺；或者，這個「狀態」是存在於主體身體裡
頭，一個空缺的位置，嬰兒從母親的子宮離開，留下的
空缺，投射回嬰兒身上而形成的空洞。這個空洞感，沒
有他者，並非孤獨，它是它自己。

　　當我們這樣想時，便產生一個曖昧矛盾之處。表面
上，我們想要捨棄早期母嬰客體關係，想要找尋可能還
有另一個長大的孤獨，想要確立自我裡有著原自戀的位
置，但反而卻走回到比早期關係更早期的階段。在那
裡，克萊茵（1963）說，孤獨是戀棧思鄉，眷念著與母
親之間什麼都不用說、卻什麼都知道、然而現在已經再
也回不去了的美好年代。

　　那麼，治療室裡的遭逢，是要尋回或重現那早已遺
失的「美好年代」嗎？

突然間，我想起過去在「思想起」參與的一個工作坊。與其說是工作坊，不如說是一個自由說話的團體。每週同一時段，與幾位同儕用自由聯想的方式進行某種類比昂式的工作小組，我們談論沒有主題的主題，作為言說者，也同時作為傾聽者，參與在這個團體裡。一次次的遭逢，一句句的談話，在歷程中我們逐漸發覺一旦有任何一人談論到「愛」的時候，所有人瞬間就會遁入沈默，無能使用任何話語來承接它。我們試圖想攻克愛，屢屢都失敗。愛是什麼？在小組結束之前，我們終究無法回答這個問題。

　　治療室裡的遭逢，能否帶我們返回到美好年代、能否回應我們對於愛的困惑？〈無可了解、無可確定、無可撫慰〉是蔡醫師給無意識UCS的三種態度。「何以用『無可』？這是假設我們總會想要做些、說些什麼，但是最後卻都是『無可』。我仍無法確定，是否UCS就只是種廢人的心情，我也無法真的說清楚、說完全，什麼是廢人的心情？只是常從某些個案的口中聽到這句話，他們之間有些共通點，但也有明顯的相異處」（p.268）。閱讀至本書末章，廢人與個案，廢人與治療師，彼此的距離或許沒有那麼地遠。每一名在治療室裡的人，首先都需要與廢人遭逢，然後，在餘生的荒涼裡，有餘地活著，並且，活下去。

治療室裡的遭逢，是從聲音開始的。有了聲音，沈默得以找尋到它的意義。《廢人與曖昧》，將治療室裡的遭逢與蔡醫師個人所思所想躍然紙上，以文學形式連結起精神分析的臨床與理論，伴著你一起路過小時候的故事。

許薰月
諮商心理師
法國巴黎第七大學精神分析與心理病理學博士候選人

一個廢人的自由搏擊

/謝朝唐

> 客體關係裡「溫度」是很重要的，雖然精神
> 分析文獻較少提及這個語詞，但它的涵義一
> 直被埋伏在其它的重要語詞裡。
>
> —— 蔡榮裕，《廢人與曖昧》

　　蔡醫師的文字是困難的。從來如此。我敬佩每個接下推薦序這份工作的人。也敬佩每個蔡醫師的讀者。這是一場近身搏鬥。搏鬥的人首先是蔡醫師，然後讀者也被捲入其中。越是艱難的文本，越有必要談一談搏擊方法。這是一種樂趣，也是一種閱讀上的必要。正如，法國分析師拉普朗虛在面對佛洛伊德時，自陳其樂趣在於識破文本中種種的運動與移置。

　　該怎麼開始閱讀？這首先是一個空間的問題。我建議，隨便翻一頁，從一半開始。這個方法很多人都提倡過，所以我一定也是半路聽來的。人，一直都有追尋起源的欲望，從第一頁開始似乎可以確保我們不會錯過什麼。幾乎所有類型的臨床初談，都試圖建立個案的整個

疾病史與生命史。從頭到尾。但精神分析總是從一半開始。個案老覺得我們知道一切，很自然地開口就說她老闆又跟她說了什麼。沒頭沒尾的。我們的聆聽就是這樣開始的。我們錯過了她所有過去的一切，所以也才實在好奇，到底她正說著什麼。然而，蔡醫師的書隨便翻一頁開始，另有其他彩蛋，你會發現一下子好像置身研討會現場，一下子好像隔著單面鏡觀看了一場治療，一下子彷彿身處古希臘劇場的正中央，一下子又好像參與了一個臨床工作小組的草創發想會議。當然，更多時候你其實並不知道自己在哪。但這完全不妨礙閱讀。你現在就可以試試看。

接著是經濟學的問題，也就是閱讀的量。王文興在《家變》裡頭建議，任何文學作品的讀者，理想的速度應該在每小時一千字上下，一天不超過二小時。考量精神分析比文學稍稍容易一點，所以或許可以加碼一千字，不能再多了。我記得很久之前有一次我課堂報告表現奇差，滿腹委屈地去找分析師準備大吐苦水的時候，很少講話的老先生竟然五分鐘就打斷了我。整整一週期間都是如此。越是沈重的材料，我們一次能承接的量就越少。蔡醫師的書，可以日讀50頁也可以日讀5頁，其間的質變，沒有至少試過一次是無法體會的。

再者，是動力學的問題。蔡醫師這本書的每個專有名詞都是大哉問，廢人、空洞、孤獨、曖昧、死活……，

不需要精神分析特別認證也知道，當死小孩問我們這些問題時能閃則閃。如果你給自己一個任務，要去確定蔡醫師的孤獨究竟是什麼意思，那麼最終你會找到的可能只有空洞。法國分析師Lavie曾用過一個良心建議來說明何謂「自由飄浮的注意力」：不要太過沈迷於話語本身的意思！就像，網球比賽時，沒人會在乎那顆球本身。打個幾局如有必要換顆新球，完全不影響比賽的進行。因為透過那顆小黃球，我們真正在看的是比賽的動態，是人類肢體與反應的極限。想像一下，球王費德勒從對面向你發來一顆球，你或者回擊或者目眩神迷地凝視，但不可能毫無反應。文字的搏擊也是如此，你或者反對蔡醫師的文字，或者聯想起一些什麼。由閱讀中浮現的那股感覺，一股力量，越來越甚，以至於到某個時候，讀者終究得面臨，要繼續保持文字與力量之間的曖昧，或者把它們分開，這樣一種艱難的決定。

最後，也是最複雜的，是溫度的問題。如果以上三種方法你都試過，但怎樣都無法閱讀蔡醫師，在你懷疑自己的智商與人生或者惱怒地攻擊書籍作者，這種隨處可見的分裂式反應之前，我們可以先來想想溫度這個熱力學問題。我有一個朋友，為了閱讀蔡醫師，這些年來都把他的書放在廚房裡頭加溫，偶爾沾上點醬油，感覺更加可口。還有人是把它跟海賊王的漫畫丟一起，前半年時不時地就用力翻翻它，把書翻得皺皺髒髒的，等它

徹底失去威嚴再開始閱讀。不知從哪時起，我在路上網路上到處都會遇到蔡醫師的書友，完全難以辨認，100個人就會偷偷告訴我101種閱讀蔡醫師的準備程序。言談之間不約而同，傳遞著某種溫度。

在英文及法文裡，「溫度」一字，源自於古典後期拉丁文temperatura，再稍微往前追溯，其動詞temperare，意為：透過混合來緩和某種力量、來克制某種力量。而中文的「溫」，甲骨文字形 𝌻 ，則像是人泡在浴盆的熱水中以暖身。在中西方兩大語言系統當中，溫度似乎都預設了「混合」這一先決條件。為了感受到這個物件的溫度，首先你要能夠跟它進行某種混合。然而，混合的過程並非是一種簡單的加法，它會涉及如何與異於自己的外物相遇的問題，一種與力量之間的關係。

聾盲作家海倫凱勒，曾在自傳中對混合的歷程做過一則描述。在她七歲時，有天早上，她的啟蒙老師安妮正在教她如何區分「杯」與「水」這兩個單字，但她總把兩者搞混。一再地挫折讓她相當生氣，隨手便把新娃娃摔個粉碎，既不傷心也不懊悔。在她既聾又盲的世界裡，全然地寂靜黑暗，沒有柔情也沒有愛。那天情緒爆發之後，安妮老師帶著她去外面走走，路過井邊，恰好有人在汲水，安妮老師想想，把海倫的一隻手放在水管口，讓一股清涼的水流流過，同時在另一隻手上拼寫著「水」這個單字，一遍又一遍。不知過了多久，突然，

海倫茅塞頓開，她知道水就是流過手上這個清涼而美妙的東西。回到家時，她想起了那個被摔碎的娃娃，她摸索著在壁爐前撿起碎片，徒勞地想把它們拼湊回去，眼中充滿淚水......

在海倫凱勒的經驗中，被混合的究竟是什麼？何以在那個片段之後，她完全改變了看待世界的眼光，淚水充滿溫度？在分析情境當中，分析師作為一股異質的力量，會在無意識全然的寂靜黑暗裡，引動怎樣的反應，我們終究不得而知。本書最末，蔡醫師所說的《起風了三態度》（unknown 無可了解、uncertainty 無可確定、unconsoled 無可撫慰），或許正是要去面對這樣一種根本的事實。

閱讀蔡醫師，不比分析困難，也不比分析容易。經驗深處，必然悄悄發生著一種混合。為了緩和某種力量，我們有時也必須在想像中把娃娃摔個粉碎。這是一場搏鬥，也是一場賭注。或者哀悼，或者憂鬱。

謝朝唐

精神科醫師

中山大學哲學碩士

現為法國巴黎第七大學精神分析與心理病理學博士候選人

路過小時候的故事

春天的雷聲

不是隨便來的

雨滴從青澀桃子流下來的

不只是老式的心情

還有藏在短褲口袋裡

隱隱害羞版

青少年的臉紅

就是要心花

一直開

孤獨

每個孤獨，都有自己的個性

　　每個「孤獨」，都有自己的故事，自己的個性，也有不同的命運。他們都有著相同的曖昧信仰——「不是想死，只是不想活」。就這樣，有著不同的銅像，走來走去，都叫做「孤獨」。

　　當他說著自己是如何在被家人忽略下長大時，我有著孤掌難鳴的想法，但他說的卻是他雙拳打天下的故事，雖然後來仍是落得失敗的下場。他說，「不是想死，只是不想活」，我想的是，他孤獨地死了，他也孤獨地想要活著，想死的不是他，想活的也不是他，是他的「孤獨」堅持要活下去。

　　他說，當年父母不管他的死活，我想著，他活下來了，卻死去了更多，活下來的大都是死掉的自己。當他走過那些因失落和疑惑而死去的自己的旁邊時，他甚至不再覺得孤獨。他不記得，路過那些死去的自己時，身

體曾經東挪西避，是不想要踩到自己。旁邊的人都說，他的走路姿勢很奇怪，好像一直在閃避著什麼，雖然並沒有什麼東西橫亙在路上。

他說著自己的成功，當年的成功，到現在仍沒有褪色，甚至被加上了新的色彩，讓他的心情愉快，卻也籠罩著一層迷霧，讓他覺得自己是失敗的成功。他把失敗的焦點放在他全力支援妹妹的成功，之後她卻對他不再理睬。妹妹的成功，讓他覺得是自己失敗的主要原因。

我早就知道，無法只從被說出來的故事裡去了解人性的繁複。他願意提供的故事，其中一定有著我們常說的「阻抗」，或者對自己和他人情況的視而不見，簡單的說，「受苦」，除了在已經失去的，也在於後來被創造出來的，只為了要重現「再度失去」，讓這種「苦」持續不斷翻新。其實它可能有著自己的主角，不是被他看見且在說話的自己，而是一直被排斥的，某個不是自己的自己。這定位有些拗口，也可以說，有個不被當作自己的他人，但是這個他人卻從來不是別人，一直是他自己，被自己嫌棄的自己。這使得他的成功不是來自於「要成功」，而是「需要失敗」來記得當年的失落。失敗，才是他的心情博物館裡，真正的自己。不過，這需要像我這樣的旁人來做註解，把他當作是在有溫度和有情感的地層學裡，有很多遺跡可以研究的對象。

接下來，我先聚焦在「孤獨」。他說，當年他的兩

個拳頭，打退長期欺負妹妹的人時，我看見了那兩個拳頭在流血，流出的不是勇敢，而是恐懼的銅像在出汗，註定就要孤獨的，有著兩個拳頭的銅像，被嚇出冷汗。他的孤獨，讓我想到的，不是「他的」孤獨，而是孤獨自己在長大，直到出來宣稱，「孤獨」是自己的國度。

　　他有著此刻聽來悲傷的故事，他卻不曾悲傷過，他只是說著故事，但也好像不是自己的故事，像是他內心裡有個他者，這是他者的故事。這個他者，是他內心裡不被他要的那個他者，不是任何隨便指定的，就像「陽具欽羨」的那根陽具，不是任何的陽具，而是指當年被拿走的那根，是個指定款。然而，只有著模糊的印象，卻在尋找的過程，又好像有很明確的樣子，但是，當心中乍現，覺得就是這根後，很快又起了疑心，覺得這不是當年的那根……

　　佛洛伊德說的「哀悼」——是否人不曾真正的只處於哀悼狀態，而是有著不同程度的憂鬱，因為早年失落的經驗，是人難以跨過的鴻溝——他的過去，大部分是處於憂鬱，真正的「哀悼」可能不曾發生過。

　　難題是，雖然走過來了，但當年的磨難愈大，回憶時，就會對過去愈感到悲慘，於是他愈英雄、愈悲壯！對於當時的情境來說，這種英雄是需要的吧？沒有這種英雄，就難以走下去。在這種災情下，英雄後來走路依然有風的模樣，讓他愈難有新的想像，愈如此也就愈會

重複在原來的困局裡。然而困局的感受，並不必然是目前的感受，他的困頓感，焦點可能在它處，而不是在當年的風風雨雨。雖然那時為了找一個可以閃避的地方而建構出避難所和一座銅像，那是紀念自己的銅像。

他依然活著，過著日常生活，但是他的內心裡，有些地方已經在當年的失落和失望裡，死去了；失去的不只是外在客體，也有自己的某些部分跟著死去，但是以銅像的方式存在——過去就像銅像的自己。他替自己膜拜自己的銅像，這個活下去的自己，卻可能在路過自己的銅像時，遺忘了當年的故事。當年的「死」，是以什麼方式影響著他呢？

他覺得有些死氣沈沈，但不知道那和自己的死去有什麼關係？他的活著，使他有著如同葛林（A. Green）說的「負向的幻覺」（negative hallucination），對自己的銅像視而不見，只有在我們和他一起工作後，他在述說故事和風景時，我們沿路會看見那座銅像，他卻不覺得銅像影響著他。他就是活著，宛如一座可以行動的銅像。

我們在街上可以找到「孤獨」嗎？它有性別嗎？它的個性是什麼？怎麼都不跟別人說話？它有什麼內心戲的對話嗎？「孤獨」就是「孤獨者」嗎？它閒閒沒事做，或者「孤獨者」沒事可做，也提不起興致做事，但是「孤獨」卻是忙碌的，它有很多內心戲要上演？其實我不知「孤獨」是什麼，它是「孤獨者」的孤獨，或是「忙

碌者」的孤獨？「孤獨者」出門會打扮嗎？

　　「孤獨」走在街頭時，是否覺得自己是英雄，是一座會移動的古老銅像，是需要被膜拜的？只是大家都不再認識它是「孤獨」，因此就擦肩而過，再回頭時，「孤獨」已遠離，或者其實已是深植入心？而「孤獨者」仍坐在街角，想著昨天和某人碰面所得到的溫暖，但是「孤獨」從不碰觸溫暖，那會讓它走在半路時，癱軟在地上，讓路人甲踩過，路人乙踢到。甚至「孤獨」早就是自己長大的存在，不是人感到孤獨，而是「孤獨」不斷的依著自己的方式成長，它再回頭來說話，讓人感受到它的存在，雖然在先前它是被拋棄的。

　　成長後的「孤獨」，不再害怕孤獨，而是人開始害怕它，想要祛除它，覺得「孤獨」是問題的所在。但是已經太晚了，「孤獨」早就在被拋棄後，自己慢慢長大了，直到它被自己感受到時，已經無法祛除了。它有多種變身的方式，可能很熱鬧、可能很寂靜，可能是一個人、也可能是擠滿了人。但是「孤獨」都是穩定地做著自己，做為「孤獨者」，他需要效忠自己的過去。

　　「孤獨」有多元模樣，它們是如何讓自己長大的？是「孤獨」自己悶著頭，不理他人，自己長大，「孤獨」變成主體，自主地運作，有著自己的名字，如同主人的影子，後來影子自己成長，也變成是自己的主人。另一個值得想像的是，當自己是孤獨長大，主體是自

己，而不同的「孤獨」有著被拋棄的不同故事，對它們來說，「孤獨」反而是主體了，一切都是「孤獨」在運作。

他是在孤獨裡長大，或是「孤獨」在他身上長大？每個「孤獨」都有自己的個性，因此，很難簡化地說，「孤獨者」不要孤獨就好了。我們以為有陪伴就不孤獨了，但是也有「有人陪伴」的孤獨啊！「孤獨」是當整個世界都遺棄他的時候，「孤獨」卻以他的名字，做出遺棄全世界的舉動。這讓我們常說的，接納「孤獨」變得有些困難，因為什麼是「孤獨」？一個人就孤獨，很多人就不孤獨嗎？因此，回到最起初的想法，「孤獨」是什麼，它如同一個人嗎？

路過小時候的故事

它的堅持

很溫柔

不必多說話

它相信，就是相信

只要吹過臉紅的地方

你就知道

細膩掃落心思

秋風剛剛

來過

曖昧

不是想死，只是不知道怎麼活

　　本文延續古典理論《失落的空洞感：在佛洛伊德的古典臉色裡找自己》（無境文化，2019)的論點，進一步談論臨床常見的，除了以焦慮和歇斯底里做為場景外，背後隱含的憤怒的抑鬱、邊緣型和自戀型人格。分析治療的過程，自然得經過前景裡的焦慮、歇斯底里、身體化和性倒錯的戰場，如果從葛林（A. Green）在《死亡母親》案例裡，或比昂（Bion）對於「投射認同」的修正，加上「涵容」（containing）的論點，以及溫尼科特（Winnicott）的論點，都是指向目前診療室裡，不得不注意和思索的課題，就是憤怒的抑鬱、邊緣分裂和自戀的同時存在，它們做為人生舞台的背景，或者被當作人

格違常來看待。而在技術上，如自體心理學或葛林提出的「同感」（empathy）到底是指什麼呢？

　　本文嘗試從這三種臨床現象，來談論技術的觀點，以後再以其它書分別討論抑鬱、邊緣和自戀，畢竟每種現象會相互交纏，但是既然有特定的詞語，就意味著它們之間有所差異，各有不同的話想說，但本文是採取三者一起合談的方式來書寫。

「失落者的不滿，會走著什麼樣的步伐？
繞著抑鬱者的身旁，有多少滄桑的出路？
需要慢慢走進去，
明知很難再走出來。

他這麼說，
不是躺在床上當廢人，就是出門做事滿足他人。
什麼都有，卻一無所有；
什麼都不缺，卻一無所得；
什麼都勝利了，卻一無所成；
什麼都成功了，卻一無所獲。」

系列重讀佛洛伊德，是從他的《克制、症狀和焦慮》（1926）Agenda裡【附錄三】：「焦慮、苦痛和哀悼」（Anxiety, pain and mourning）切入，這是四頁未完成的述說基地。在這篇附錄裡，佛洛伊德說，失落和苦痛是精神分析較少探索的場域。之後慢慢有精神分析者把焦點放在這個課題上，如比昂所說的，精神分析的視野在精神的苦痛。

>>他來治療三個月了，從來不曾說過父母的事，好像他是沒有過去的人，有的只是目前和老板的衝突、和女友的爭吵、以及朋友的不可靠。還有，他對治療師的存在，好像可有可無，難以想像治療師可能會幫得上忙，因此他常說的是，沒有人，可以幫上他的忙。

>>她覺得自己只是被利用，朋友和同事都沒把她放在眼裡，好像她是可以不必存在的人。雖然她盡力幫他們做很多事，但是連一句感謝都不曾得到，她不斷重複說著，心情不好，活著不知要幹什麼，雖然不曾真的想傷害自己。

>>他說著母親的故事，幾個月裡，都說著母親，好像母親是死掉的人，藉著重複的說，來喚醒母親。

他談著她當年是如何的虐待他，後來我才發現，母親還活著。他在一年前，覺得母親可憐，因此接母親來一起住，結果卻是，母親和太太常爭吵，後來他只好和太太離婚。

>>她常覺得很恐慌，起初她將焦點放在，有哪些事會讓她恐慌？只不過每次說完一個原因後，不久就會問治療師，她到底怎麼了，怎麼她會這樣「莫名的」恐慌？雖然「莫名」是指，沒有名稱，不知它是怎麼來的，但在治療師還沒回應前，她繼續談她覺得是原因的其它故事。

>>他說，父母在家族裡的地位，很低！使得他們常被欺侮，讓他覺得自己不是重要的人，可有可無。不過治療師很快就感覺到，他也沒有把治療師看在眼裡，好像他能夠在困境裡走到現在，不是任何人可以了解的，雖然他並沒有明說，他覺得治療師不可能了解他。

>>除了表達父親的忽略家人，以及母親剝削她，一直跟她要錢外，她常說的是，治療師根本不可能幫上她的忙。她每天都很不安，無法和男友做愛，男友都很快就離她而去，她只好找網友，但那些人卻

常要利用她。她說，治療師的存在，可有可無，治療師的心中也幾乎是這麼同意。

>>他說，從小就沒有人關心他。但是他對那些凡事就說，要問一下父母意見的同學，他很看不起他們。他期待自己有個智慧的父親，可以引領他，他就不用這麼辛苦，四處碰壁，但是只要有人給他建議，他一定會挑戰對方。

>>她說，從小就沒有快樂的感覺。她一個人過日子，沒有人注意她的存在，就算是和男友做愛也這樣，她只能虛假的回應高潮，心中卻充滿了矛盾，覺得不該欺騙男友。但是當男友不找她做愛，她又很矛盾，逼男友一定要和她上床，只是脫衣服後，她就整個人空虛了。

>>他說，自己根本不想活下去，只是因為母親還活著。然後抱怨母親是他的累贅，如果不是母親還在，他早就不在人世了。活著，不知道為了什麼？然後說他可以每天在床上手淫十幾次，他問治療師，這樣子，是不是太多了？但是不這麼做，他真的不知道，人生還有什麼樂趣？

這些都是臨床常見的，「若有所失」，或在生命早期經歷了一些失落創傷，但都努力地讓自己存活下來。他們都在掙扎，不論是透過性愛，或其它不安、衝突等問題，反映著他們若有所失，或者，他們早就失去了什麼，有什麼部分早就死去了。那些死去的部分，如同葛林所說的negative，以這種方式存活，持續影響著他們，以死去的方式活躍著。

這是很矛盾的說法，卻是很貼近這些現象的感受。各種問題和衝突，更像是為了激活出原本死去的部分，再活躍地影響著人。他們讓他們的「生」看來死氣沈沈，而那些死去的部分，再度在移情或其它地方活躍著，帶來如佛洛伊德所描繪的，負面的治療反應（Negative therapeutic reaction）。

我嘗試再引用其它想法，以從旁邊或遠方的方式，慢慢圍起這些案例狀況做為助陣，讓這些案例片斷，可以有更多的想像，尤其是從穿透表面的焦慮不安和衝突，慢慢抵達它們後方的空曠地帶，那裡有著荒涼和曖昧，生死之間的曖昧、愛恨之間的曖昧。那是心裡荒涼地帶的曖昧，性本能和死亡本能深深糾纏的所在，一切都還在尋找語言來描繪它，也是佛洛伊德在《有止盡與無止盡的分析》裡說的「無止盡」之意。

以下的論述是慢慢推想的過程，每個段落的說法，都只是一個臨時的駐足點，是坐下來想想一些事的地

方，還不是要做出結論的所在。

心中的恨，放得下嗎？

當我們說著「愛」或「恨」時，我們是以這兩個字的定義和界線，來找出和某些重要客體的感覺。我們是拿著一個有色的濾鏡，在尋找生活細節裡，什麼是愛？什麼是恨？通常是可以找到它們的足跡，然後把相關內容集結起來，給予愛或恨的標籤。然後，就開始了愛與恨的大戰，反正旗幟鮮明，愛恨兩方打起戰來，都有自己的依據。彷彿生活上所有的事情，在這種時候都有了依靠，只要分清楚愛恨，而且抓緊愛，就算埋頭也要極力把恨趕出家門，那麼生活就明確有方向了，就不再曖昧不明了。

當我們說著「愛」或「恨」時，這是很多人想像中的期待，我們希望生活在這種明確的方向，不論看待自己或評價他人時，都有可靠的工具，似乎只要祭出明確的愛恨定義和做法，人性的問題就得以解決，所以這樣的期待，不單是一般人的期待而已，也是目前臨床常見的困局。個案們簡化式的描繪愛恨，一些問題被說成是「愛恨交織」，在這種想像下，好像一切就不曖昧，一切都分明了。

當我們說著「愛」或「恨」時，常見的結果是出現「為什麼我都知道了，我想要把恨弄掉，卻怎麼弄都弄

不掉，怎麼辦？」在這個疑問下，會再度集結一些解決的想法和策略，例如，就把恨放下啊！這種比喻明確說出，「恨」是某種可以拿得起、放得下的東西，只是結果常見的卻是，「恨」不是這種東西，它的特色就是，容易拿得起，卻很困難放得下，尤其是在放不下時，就會更增加恨意，至於恨意會走向何方，也許就是貼向常放在心中苛責的客體。

愛恨盤根錯節

　　需要回到曖昧裡。愛恨裡的曖昧，是處於某種荒涼裡，失落後的荒涼，助長了愛恨以曖昧的模樣現身。當我們認定愛和恨，以明確的模樣現身時，可能忽略了人性情感的複雜性，讓愛承擔了過重的負荷，也輕忽了恨所具有的潛在力量。

　　需要回到曖昧裡。愛與恨早就在我們心裡，從小就盤根錯節地成長著，直到我們認出它們前，它們早就存在了。由於盤根錯節，我們會一心一意想要在生活裡，找出愛和恨。但是當我們說「愛恨交織」時，可能更是愛恨盤根錯節、難分難解，而不是假設裡，愛恨分明的交纏。那麼何謂「愛恨是難分難解」？真的是這樣嗎？愛和恨怎麼會分不清楚，它們不是條條分明的嗎？這是很多人的期待，也許符合人性，但是期待和實情可能是兩回事。

需要回到曖昧裡。我們可能為了要有清楚分明的愛恨，會在意識上將一些行為歸類在愛或恨，然後對於一些以愛為名，結果卻是充滿恨意，或者明明有著恨意，卻又捨不得，把這種捨不得歸類為愛。這些情況大都是在描述著，我們對於人，是在有「完整客體」概念後，才會出現比較明確的情感，這是針對某個人或某些人而產生的愛恨。在這種主張下的愛恨交織，就變成是針對某個人或某些人的矛盾感，既然有了矛盾感做為定位，那麼就再次把問題界定為，弄清楚愛恨就可以處理愛恨交織的問題，其實這是假設愛恨的界線是清楚的。

愛恨可以分明嗎？

我們先走到岔路裡，談談界線和矛盾的問題。因為這常被標示為要處理的問題，但愛恨有界線嗎？如果愛恨是分明的，它們之間自然是有界線，那麼愛恨的衝突就構成了所謂的「矛盾」。當我們這麼想時，好像就主動的認為，每個人對愛是什麼、恨是什麼的界線，會是清楚的。不過，這不是實情！我們在說明人和人的界線時，如果是指愛恨，結果往往是很難清楚分明，雖然大家通常會這麼期待，但是對於界線的動態式位移，常常會不自覺，並且忽略了它的動態範圍。

我們先走到岔路裡，談談界線和矛盾的問題。愛恨所帶來的矛盾，也是值得深思的主題，因為它的存在實

在太流行了，但是就因為這樣，反而不會被仔細思索，好像很多問題只要說出，是什麼和什麼的矛盾，就是找到了問題的根源。這是兩方的矛盾，卻就這樣，開始有了具體的事可以做。於是在這兩方裡，尋找如何不再矛盾，然後預設結果，就這麼處理了我們的心理課題。我不能說這是無用的策略，但是顯然地，從臨床的經驗來看，這種策略沒有預期的那麼有用，這是怎麼回事呢？

我們先走到岔路裡，談談界線和矛盾的問題。也許基本命題的設定，仍要再回到臨床過程，來想像何以解決矛盾，無法如預期的解決臨床上的難題？因為常見的是說：「我知道就是這些矛盾了，為什麼就是無法改變呢？」要有所改變，或許還需要其它的什麼？

性與死亡的課題

還有重要的課題，關於性和死亡。一般談到「性」時，通常想到的是青少年以後的性，如果說嬰孩自出生後就有「性」的主題，大概至今仍是不易思考的命題，甚至認為談論嬰孩的性，根本就是在污名化嬰孩。佛洛伊德替精神分析設定一個重要的門檻，只要跨出子宮後，生而為人，就有「性」的課題，他是堅持，就算青少年後的性交行為和嬰孩的性，看起來有所不同，但是它們都是他界定的「性」。這樣就把「性」這個詞的意義擴大了，如果仍只堅持用最原本的「性」的概念和範

圍，就會覺得精神分析是以「性」來簡化，甚至是標籤化，然而心理問題背後的多重性，不只是「性」而已。

　　還有重要的課題，關於性和死亡。上述的這個「性」是多重性的，就像都叫做「人」，但是一種米養百種人。由於精神分析強調「性特質」，因而帶來誤解的評論，只是不見得要以「精神分析被誤解，是因為社會對於潛意識的抗拒」為理由，並以此做為進一步思索這命題的阻礙；如何堅持著性和死亡的場域，依著發展過程的不同階段，呈現的不同樣貌，它們若能夠被述說和描繪，也是重要的事。也就是，嬰孩的嘴巴吸著母親的乳房，和青少年吸著母親或女人的乳房，是有同有異，以及成人在性交過程，吸吮著女人的乳房，都有著或同或異的經驗和心理值得再細究。

　　還有重要的課題，關於性和死亡。不然實在不需要再以「被誤解」來感受他人的阻抗，以此取樂，這其實有些曖昧，如同佛洛伊德對戀物症的描繪，直接把和性器官相關的說法，用來比喻其它，例如前述的取樂，而獲取戀物般的「性倒錯」快感。

不想死，也不想活？

　　這是曖昧吧？「不想死，但也不想活」，或「不想性，也不想死」，或「想性，也想死」。如果使用性與死、生與死、性本能和死亡本能，做為對立兩方的觀點

來看待心理，的確是處處矛盾。這些矛盾卻同時也展現著曖昧，當我們想著矛盾的時候，大致是想著兩方都是勢均力敵，而且兩方的界線清楚。例如，生死，愛恨，好壞，雖然早就有「生不如死」等的日常用語。

這是曖昧吧？「不想死，但也不想活」，有些語詞所代表的經驗，不必然一定會被納進來想像眼前的困局，實情是在困局時，可能就只希望找出兩種對立，然後就可以開始工作和努力。例如，正向（positive）和負向（negative），何以明明有著曖昧不明的情況，卻在二元對立裡矛盾，然後兩方殺紅眼呢？

這是曖昧吧？「不想死，但也不想活」，有不少人的生活是在這種曖昧狀態，除了生不如死，或不想死但也不想活，或不想活著而有著各種矛盾做恨意的對象，變得好像是為恨意而活下去。活著，有著「想活著」，或許也有著「不想活著」的念頭，兩者是曖昧嗎？也許有人喜歡使用其它語詞來描述它，但是採取「曖昧」這語詞，是否有著誘惑和性學的意味？是吧，「曖昧」在我們的語境裡，就有著性的曖昧，不過可能大家會忽略它也有著死的況味，飄著淡淡的死亡氣息，讓「曖昧」充滿著眾多可能性，可能和對方一起，也可能結果是，只能看著對方遠遠的背影。

除了二元對立，還能怎麼說？

　　更重要的是，需要一些語詞，讓我們遠離二元對立的說詞。例如，好壞、善惡、愛恨，這是常被當作是小孩般的二分法，而精神分析要探索潛意識，的確要面對原始人性裡，有著這種二分法的傾向。這是實情嗎？是否還有更原始的所在呢？我們是怎麼樣意識到這種二分法，或者，在還沒有意識到之前，就實質運作著二分法呢？又或者在這種二分法開始運作之前，有著某種一體的狀態？

　　更重要的是，需要一些語詞，讓我們遠離二元對立的說詞。不過，值得疑問的是，何以要探究這些想法？何必找自己麻煩，想這些沒有明確答案的命題呢？這是精神分析從始祖佛洛伊德，在他浩瀚的想法裡，就留下的某種指令或指標，把想法指向「不知會是什麼」、「不是預先想得到」、甚至可能「無可確定」的領域呢！

　　更重要的是，需要一些語詞，讓我們遠離二元對立的說詞。既然已經啟動按鈕了，探索宇宙的火箭已經升空，就只能依著假設的方向飛過去，或如同考古學家在古代裡尋找殘跡，來拼湊遙遠的心聲，猜想他們曾如何吶喊，如何過著醒著的日子？或者有人在神話和傳說裡，拼湊著那些沈睡時的心意？還有在夢裡尋找著，睡著的時候有著什麼清醒的想法？或者說著夢時，醒著的時候還有什麼睡意？

愛和性有多曖昧？

　　二分法的中間，有著多少的曖昧地帶？有清醒，卻是睡著的嗎？或者有睡著了，卻是清醒著的嗎？這是矛盾的話嗎？我們能夠從這些矛盾裡，開始想想，原本習以為常的二分法的中間，有著多少的曖昧地帶？我已經執意要圍繞在「曖昧」這兩個字，想要把這兩個字打造成一片天空，做為可以任意想像的所在。一般人談到「曖昧」，大概很難不想到「性」，尤其是青少年後的性，或者有些人會堅持是「愛」，而不是「性」，覺得性的論點污染了愛的神聖性。

　　二分法的中間，有著多少的曖昧地帶？我們要爭論這個問題嗎？會有答案嗎？但是性不會髒啊，怎麼會污染愛呢？這種想法在目前，仍可能屈居下風。我要打造的「曖昧」，不會完全脫離這些日常的概念，我不會去辯論「性」是否會污染「愛」的命題，而是先相信這些不同命題的存在，都有它們的必要性，但那是什麼呢？每個說法其實都隱藏著某種曖昧，都有著要讓自己的說法被看見被聽見，但同時帶著謙虛的態度，需要大家多想一下。

　　二分法的中間，有著多少的曖昧地帶？雖然常見的「多想」，只是重複想著相同的問題，使得「多想」是「量」上的多了幾次，而不是「質」上的可能性變多了，

這是「曖昧」的真正用意。就像青少年期之前的性和之後的性之間的曖昧，他們對著心愛的人遠遠表達著心意，以為愛和性就可以傳達到對方，這是曖昧，青少年時期之前和之後的曖昧地帶。不只是青少年，我相信在生命的更早年也有著曖昧，只是以不同的樣貌呈現。

心與身的距離有多遠？

畢竟，心、身已被拉開距離已經很久了。在我們的視野裡，除了善惡、好壞、愛恨的二分法外，還有心身的二元。從佛洛伊德以降，就試圖在身體的症狀裡，尋找潛在的心理動機，雖然心理動機常被誤解是意識上的故意，不過就算是潛意識的啟動者，以動機來描述，仍是不錯的說法。後來溫尼科特也在《心靈與它和心身的關係》裡提到，只以身影響心或心影響身，是過於簡單的說法。我們仍好奇的是，它們如何相互影響？甚至當我們談論心身二元時，是否忽略了生命更早期，能夠區分心身，並將兩者當作是不同的存在之前，是什麼樣的世界？那將會如何影響我們？

畢竟，心、身已被拉開距離已經很久了。身體的抽動和扭曲被叫做「歇斯底里」，後來佛洛伊德宣稱，那是有潛意識的動機，而且那動機是和性特質有關。在當年這是個革命性的想法，而現在卻是常識了，不過仍是引發兩極化論點的爭議。在這個心身二分之間有什麼曖

昧的地方，可以讓我們想一下，是否另有心身之間的奧妙地帶？

畢竟，心、身已被拉開距離已經很久了。心身兩者相互影響雖是常識，但是臨床上，我們只要試圖在某些症狀裡，聯想或尋找心理動機，仍是會遭遇到個案千軍萬馬般，安靜卻有力的反撲。這是心身兩者的對撞，看來是需要在兩者之間，拉出一個地帶，來想想這是怎麼回事？如果精神分析不想退怯，想要堅持自己的立論，是需要一個曖昧，可以產生情愫的地帶，讓心身之間展現新的對話。畢竟，心身二元論，心、身已被拉開距離很久了。

人是雙性兼具？

還有男女二元論呢！我並沒有將這種曖昧地帶和溫尼科特的「過渡空間」，很快地連結起來，或將兩者當作是等同的語詞，或許它們之間會有交集的地帶，不過我先在「曖昧」這個語詞左思右想一番。除了前述的善惡、好壞、愛恨和心身的二元論外，還有男女二元論。以台灣為例，近幾年隨著風氣的開放，我們從臨床上來看，「性別」其實是比預期的男女二元還要複雜。

還有男女二元論呢！有人想要在生理或心理層次上了解這些多元現象，但在目前仍是不容易的，因為大家不見得會樂於談到，他們真正性別傾向的實情，不過倒

是可以說，男女二元論是不足的，男女之間還有一些曖昧地帶。當初佛洛伊德宣稱，人是從兩性出發的，隨著生理和心理的發展，形成一般想像的男女二分的世界。

還有男女二元論呢！很難相信，目前從臨床個案所遇到的男女之間，還另有其它曖昧的性別傾向，而我是假設，這是早就存在的現象，差別只在於，社會允許他們展現時，他們才逐漸呈現出來。雖然目前當事人的展現方式，仍是帶有擔心，因為有著「不知別人會如何看待」的反應。

自戀與性倒錯

回到失落後的空洞感，會出現什麼模樣呢？由於「生的本能」的存在，讓空洞感不只是物理空間式的空洞，而是在空洞裡演出了很多心理戲碼，這些戲碼可能是各種被宣稱是「精神官能症」的現象。在佛洛伊德時代，是以歇斯底里、強迫症或恐懼症做為代表，或者某些被稱為「性倒錯」的現象。雖然這種想法近來可能會遭受反對，尤其是傾向把這些症狀當作是生物基因問題的學者們，不過在目前，生物基因學仍無法有效佐證，這些症狀一定只起源於生物學因子，仍得回到生物、心理和社會模式來探索。

回到失落後的空洞感，會出現什麼模樣呢？例如性倒錯裡的曖昧，性倒錯的目的是什麼呢？我要先說明的

是，「性倒錯」是個不太受歡迎的語詞，主要是在於誰能說誰是性倒錯？因此要提出這個說詞前，是需要有個理由做為基礎，讓理由能受公評。依據我的解讀，對佛洛伊德來說，人是從自戀出發的，「自戀」的重要目的是讓自己可以再延續；間接的方式是透過創作留下聲名，而最直接的方式是有自己的精卵能夠再傳承下去。

回到失落後的空洞感，會出現什麼模樣呢？如果主張人的自戀是必然，甚至是必要，雖然目前「自戀」常是被用來罵人，不過佛洛伊德於《論自戀：引言》裡所提出的概念，不必然是要用來評斷人。因此如果有任何性的作為，和生殖下一代無關的話，都可以說是某種性倒錯。例如，極端的說法，若性行為有保護措施，避免懷孕。因此，我們也需要再給「性倒錯」的概念一個空間，不是用來評斷他人，而是一種疑惑，何以有性相關的愉悅，卻無意有後代來傳承自己？這是我說的「性倒錯」的曖昧。

此時與彼時的現實不同？

所謂「現實」，是怎麼形成的呢？對於「性倒錯」的曖昧，需要再多說明一些，以減少不必要的誤解。也許有人會說，何以性交就一定要生小孩，這也太違反現實了。的確，在目前是違反現實，但是我們需要再想一下，目前的所謂「現實」，是怎麼形成的呢？何以這些

現實在其它地方，或以前的某些時候，不必然是這種現實？如同佛洛伊德提出，何以個體會願意讓自己屈就於團體，例如教會或軍隊，來克制自己欲望的完全滿足，而形成某種現實，讓個人透過精卵結合，傳承自己的自戀需求被阻擋下來？

所謂「現實」，是怎麼形成的呢？我不是說這是對不對，而是值得探索其中的心理現象。如果我們假設，「現實」只是結果，是人的某些心理活動的總合，重要的實情是，如果所謂「性倒錯」如戀物症，不會干擾影響到他人，而且會產生愉悅感，例如佛洛伊德當年就說，他們實在沒有理由來分析治療，讓自己的愉悅因此減少。當佛洛伊德說，戀物者可能基於否認的機制，把某些東西或身體的部分如腳踝，當作性感和刺激性欲望的來源，這些物體本身變成擁有曖昧且挑情的刺激，這種「否認」是指否認生命早年時，覺得被閹割後的陽具不曾真的消失，仍以某種方式存在的想像。

所謂「現實」，是怎麼形成的呢？有人會創造出某些物體，可以讓他感到興奮滿足，不過就算有這種說法，目前對於「性倒錯」的現象仍是無解或難解，但這對精神分析者來說，並無損於想在這種曖昧裡，尋找可能的心理因素。

那麼痛苦的過去會消失嗎？

　　但是人很難真正的觸及失望感所帶來的苦痛。因此各種對立所帶來的矛盾，其實只是某種曖昧，想解決問題，也同時不想解決問題？雖然兩者的問題，在實質上可能是不同的問題，只是都以「有問題要解決」做為外顯的訴求，或者類似「想死但沒有不想活」的曖昧。生死，被當作是二元對立的兩端，如果只是這樣假設，就很難了解，何以想死但也沒有不想活？是否不死並不等於生，想死不等於不想活？因為生死的另一端，各自是「不生」或「不死」，也許這比較接近佛洛伊德描述的，人生的璀璨是生之本能和死亡本能的交織。

　　但是人很難真正的觸及失望感所帶來的苦痛。所謂想解決問題或症狀時，被意識到要解決的內容，可能不見得是真正的問題。因此有什麼事情感到矛盾時，不必然是在真正的問題上有所矛盾，這些矛盾是某種曖昧，讓人把持著某種興奮刺激感。也許這可以部分說明，何以臨床常見的，以愛恨、善惡和好壞，二元對立的矛盾時，常聽的反應是，「我都知道了，但怎麼都沒有改善？」這種沒有改變，也許只是另一種興奮感的說法，雖然會以失望的情感出現。

　　但是人很難真正的觸及失望感所帶來的苦痛。個案常是以其它的方式來興奮自己，雖然這被一些分析師冠

上是「躁症防衛」，但是這麼清楚的一個語詞，卻是意味著那是不好的防衛，而未能體會如果沒有這樣，可能連下一秒都走不下去。雖然他們已經走過來了，跟一般人喜歡說的一樣，他們也說著：「過去的，就讓它過去」，卻又好似跟這句話展開一生的玩笑，嘲弄著這句有道理的話。

為什麼是我？

　　終究是難掩一路以來的落寞。就算是過時的人物，總也想在失去聲音前，再說一些話，表達一些堅持。有些人堅持老式風格，但態度上並不貶抑新式風格，雖然也有人只堅持老式作風才是最好的方式。這種情境仍值得思索，當有人重複地述說著相同故事時，他是只為了重複，或是覺得聽的人還不懂他的困局？

　　終究是難掩一路以來的落寞。更困難的是，他可能依稀覺得，自己也不了解怎麼回事？因此大部分是「不了解」的疑惑，例如：「為什麼老天這樣子待我呢？」不過這種疑問，在人生的路途上，沿路被穿插進了新的想像，只是走過後，卻把這些新的想像，當成是古老的故事。

　　終究是難掩一路以來的落寞。然後，走到某處後，一直撞牆，這是重複談著以前的某些故事後，帶給聽者的感覺。說話者可能不覺得是撞牆，而是想要在這道隱

形的牆上，再找找看，是否有出路？雖然出路可能只要回頭，再找找主要路上是否有小路，就有了新方向。不過，這不是容易的事，因為走來之前，只專注著自己的心事，根本無法顧及沿路的田野有什麼景緻——只因為一直受困於原來的疑惑裡，「為什麼是我？」，這是早年人生創傷後，最原始的疑惑。

無以名之的恐怖

何以竟是無法記憶的日子，或是某種無法給予名字的經驗？那個疑惑裡的曖昧是「為什麼是我？」之外還有另一個聲音：「為什麼不是他？」這個他是我之外的任何人，是指「非我」，因此這種疑惑本身，其實一路摻雜著「我」和「非我」兩項基本元素。我何以說其中有著曖昧呢？那個「非我」有可能是他在重複述說，好像撞牆的時候，想像中在牆後另有個自己的過去。但那是自己從來不曾去過的地帶，甚至是以「非我」的方式存在著，畢竟在知道自己的遭遇之前，這個「非我」的「我」已經度過一些日子了。

何以竟是無法記憶的日子，或是某種無法給予名字的經驗？這會帶來如比昂所說的，「無以名之的恐怖」或「無可命名的恐怖」？假設它們隱身在牆的後頭，一直撞牆，是表示有著某種熟悉卻又陌生的感受。那裡是自己的過去嗎？那裡有愛嗎？是否也有恨？或者只有曖

昧未明的情感經驗和想像？這種想像是我們後來無法了解的，這也是何以說成是無法命名的緣故吧？只是無法命名總是令人恐懼和挫折。

何以竟是無法記憶的日子，或是某種無法給予名字的經驗？相對於面對恐怖的景象，「挫折」畢竟是較容易處理和駕馭的感受。甚至恐怖和挫折的外圍，會被曖昧包圍著，有著愛，也有著恨，但是愛和恨都依依稀稀的，都是某種妄身未明的稱呼，說愛、說恨，都是勉強的說詞，像是以某些定義的語詞強說愁，雖然的確是有愁，卻太早被冠上有名有姓的語詞，如「愛」、「恨」，讓這種愁反而難以伸展，就會更加強說愁了。

心裡深層的矛盾

無法解決矛盾的背後，常是以不斷的疑惑出場。反映在診療室裡，是個案疑問治療師是否有能力解決他的困難、是否有能力了解他？這些疑問幾乎是難以消失。但即使有這些疑問，並不必然表示，他就不會再來診療室，這意味著還有其它的曖昧在這些疑問的後頭，左右著他是否再來診療室。這些無法說清楚，卻也被自己定義作強說愁，同時要眼前的人可以看見這些，因此重點在於，他需要有人可以一同見證這些曖昧。

無法解決矛盾的背後，常是以不斷的疑惑出場。至於如何再命名，這可能是一個永無止盡的過程，如佛洛

伊德在《有止盡與無止盡的分析》裡所說的「無止盡」。感覺重複撞牆的牆後，以我的想法，那是指破碎無法被命名的所在，有人擔心那裡會出現無法預期的破壞力，也有人覺得那裡是好壞生死都有的所在，有打戰的兵士，也有要替國王溝通的使者。這些想像在不同的治療師之間，有著比預期還要更大的差距，這也在不同人之間，造成了另一種曖昧不明，是否接近這個領域，或者遠離它，才會是最快樂的方式？其實，這些可能性都可以找到不同的擁護者。

　　無法解決矛盾的背後，常是以不斷的疑惑出場。因而內在心理世界的曖昧，就容易因此化約成，擁護者之間的矛盾，然後就在矛盾裡打轉，但是矛盾的心情本身就是一道牆，想要解決心理深層的矛盾，更像是在說這裡有著曖昧，但是我們不想要曖昧，反而想要愛恨分明的矛盾。雖然這種愛恨分明，更像是短暫停留的車站牆上留言板寫著：「親愛的，你要愛我喔！我已經要離開你了，某某留」。

需要失敗的美學

　　而曖昧之後，對於自覺廢人者，是失落後的空洞場景。或許需要某種能夠保持著動力的曖昧——是不是所有曖昧出現的場合，都是帶有微微興奮的動力？彷彿那是年輕男女之間相互熟識的重要過程，若缺乏曖昧，一

切都太透明，反而變得沒有樂趣了。何以透明後，會缺乏樂趣？可能這種透明不是一般想像的，什麼都被看透了，而是這種透明構成另一道隱形的牆，阻擋了背後曖昧不明的活力，和尋求答案與方向的力道。

而曖昧之後，對於自覺廢人者，是失落後的空洞場景。這是人的基礎，也是一般說的，人是空手而來，然後在一輩子裡想要抓住些什麼？我們說，在抓取的人生裡，那是「做自己」，「做自己」是日常語言，卻常被當作某種專業術語。任何這類的術語，包括伊底帕斯情結、原初情結和陽具欽羨等，它們的周邊其實是繁花雜草夾徑，不是清晰的路途。雖然一般常認定，只要點出了主要術語，就是指點了迷津，這是算命或詮釋呢？

而曖昧之後，對於自覺廢人者，是失落後的空洞場景。精神分析的路很崎嶇，因為需要沿路體會和欣賞自己為了活下去而曾有防衛的傑作，雖然那已是破敗的遺跡，甚至是失敗的廢墟，然而，失敗裡可以有美學嗎？這是我們對於這些曖昧的難言，卻是充滿期待的起點。

一輩子的疑惑

如同荒原般存在著詩的語言，各種曖昧還有不被了解的地帶。這些曖昧的現象，其實有著更深層的意義，也許可以再靠近一些些，曖昧的情感是接近那個在愛恨矛盾的後方地帶，因此，當明確地說著好壞、善惡和愛

恨，都是因為無法忍受荒原般的曖昧，想要以某個語詞來定格意義，卻是難以有作用，或是變成某種讓自己盲目的方式，使得心理的探索變成道德和倫理的爭論。

如同荒原般存在著詩的語言，各種曖昧還有不被了解的地帶。對於深度心理學，我們需要再回到曖昧未明的心情，那是比愛情還要豐富的所在，需要有點曖昧，如同不想死，但也不想活的方式。廢人的心理需要曖昧來面對，荒涼有時曖昧，如詩的語言顯示著，每個字都不想活了，卻都死不了，愈說愈有活力，如同當初那些破碎的、沒有名字的不安或失落，帶出來的是「自己不見了」的恐怖。

如同荒原般存在著詩的語言，各種曖昧還有不被了解的地帶。然後為了活下去，而開始玩耍，開始在餘生裡尋找餘地來玩著，這是一輩子都有疑惑的遊戲，但這些都是需要的，雖然表面看起來會被當作是「阻抗」，而我寧願用「曖昧」這個語詞來替代「阻抗」，因為「阻抗」這字眼已經被僵化了，忽略了「阻抗」原本要代表的是，有著活潑的生和死，有著文明要如何活下去的跡象。

強大的死亡本能

當分裂作用之前，是混沌的一元復始，卻是無法命名的恐懼。「分裂機制」雖然原始，它仍是為了防衛，

原本是無名，在二分後，就有了矛盾對立的兩個名字
——先前是「愛-負愛」、「恨-負恨」、「知識-負知識」的正負對立，分裂機制運作後，變成是愛恨二分，而不是愛和負愛的二分，結果負愛和負恨到哪裡去了？在愛恨被分裂機制搬上檯面後，負愛和負恨的命運和未來呢？

　　當分裂作用之前，是混沌的一元復始，卻是無法命名的恐懼。負愛和負恨的命運會如何，何去何從呢？或者一直處於難以辨識的無名恐懼，那是在失落空洞之後，以這種無名的恐怖情感身份，過著它們的一生，直到後來，「死亡本能」宣稱自己的勝利，而「性本能」或「生的本能」的家鄉，是能量不滅的存在，常能提供懷念後的力量，讓人繼續走下去。

　　當分裂作用之前，是混沌的一元復始，卻是無法命名的恐懼。後來總有其它因子的出現，讓它的不滅，在半途休息，或因失望而走失，不再回到自己的家鄉，只因它會累，它會有無力感、無望感和無助感。而「死亡本能」總是慢慢卻堅定的執行著自己的意志。

為何重複陷入苦痛？

　　活得徒勞無功，卻有不想死的死，一路上，干擾著活下去的活著。人生何以需要如此曖昧？愛情和人情有曖昧，但是死和活有曖昧的空間嗎？臨床上的跡象是看

得到這樣的曖昧空間，因此才有可能在診療室裡，看見個案的生死掙扎——或者，這完全是身不由己？當我們啟動思考，開始想想這是怎麼回事時，會遭遇到什麼困難呢？

活得徒勞無功，卻有不想死的死，一路上，干擾著活下去的活著。當她把人生說得如此痛苦時，她是如何承受下來，並走到現在的呢？所有承受和努力，看來都像是徒勞無功，只因為故事無法再重寫嗎？但是人的心智會這麼簡單，對於無法再重寫的歷史，會輕易的甘拜下風嗎？她此刻還在動員著什麼，來對撞往事，只為了一場預知是徒勞的努力？

活得徒勞無功，卻有不想死的死，一路上，干擾著活下去的活著。這是努力嗎？「努力讓自己重複地陷進苦痛裡」，這句話說得通嗎？誰聽得進帶著嘲笑和反諷的話？但是如果只是想著，她是個可憐的人，她的事情都發生在過去，如今事過境也遷了，當事人也接受了這句話——我們這樣想有比較高尚或者比較容易讓個案聽得進去我們的詮釋嗎？

人最擅長的是搞曖昧？

「曖昧」是挑逗或是挑釁呢？讓自己接受人生的困局，是需要努力的事或是水到渠成的事？或者，水和他人的某些視野及千叮萬囑，總是到達不了他人要她一定

要注意的地方？結果那裡依然只是一個空的舞台，建構不了溝渠，水也抵達不了？這種說法合理嗎？

　　「曖昧」是挑逗或是挑釁呢？她真的沒看見被叮嚀要注意的地方嗎？或者她的看見方式早就有不同的視角，或總是在某些地方就會戴起一副古老的眼鏡，讓自己只看見那副眼鏡能看見的內容？結果事情總是依然地徒勞無功。她說，生活單調一無所長，但還是有最擅長的事，就是跟人搞曖昧——治療師被「曖昧」這兩個字撞到胸口，也感覺到好像有什麼感受突然具體化起來？

　　「曖昧」是挑逗或是挑釁呢？治療師不是對她和其他人搞曖昧，而是從分析治療過程裡所累積的感受，被這兩個字激活了起來，也就是她對死和生也是相同的態度，對生搞曖昧，對死也是如此，生死都是在她自信擅長的能力裡，治療師的任何說法像是在挑釁，卻容易被當成是挑逗，更準確的說法是：是否在挑釁生和挑逗死？

「焦慮」是被「失落」派出來的使者？

　　家鄉只是近黃昏的感受？對家鄉的感受方式，會如何影響診療室裡，個案想像和述說他們的空洞感呢？只是記憶的課題嗎？或更涉及想像和創意的課題？就診療室的工作來說，何以空洞感和空虛感變成了會吞沒自己的所在，讓他們的所有衝突和矛盾，不斷的掙扎，一種

不死心的掙扎？

　　家鄉只是近黃昏的感受？何以死亡的況味，不是立即的，而是某種腐朽一直發酵著？這些腐朽如何能暫停呢？自己的空虛沒有名稱，是慢慢轉勢的所在，過去的失落引發焦慮造成不平靜，是否平靜下來，焦慮就減少了？但是失落呢？如果說和解，是什麼和什麼和解，失落是能和解的嗎？焦慮如果是被派出來的「打手」，那麼有什麼「使者」的溝通，讓和解能夠真的發生？

　　家鄉只是近黃昏的感受？仍需要透過「使者」，和背後的「指揮」達成和解，如果失落的「指揮」不願意和解呢？要什麼條件，才會讓失落的「指揮」願意和解？所謂和解，是否意味著這些失落和指揮就消失了，或者只是另以不同面貌存在著？因此當我們說，有了見證或者同感，那是指什麼呢？是什麼心理機制，讓見證和同感能有效應出現呢？

失去自己的感覺？

　　什麼時候，淚水失去了創造出奶水的能力，這讓淚水做著自己的失落者。嬰孩哭的時候，奶水無法馬上來臨，這是失落的心理想像，也是一種難以說出口或無法找到言語述說的經驗，但在後來的人生，尤其在診療室裡，卻需要不斷的述說。這是能夠被了解、被體會、被見證、被同理、被同感的經驗嗎？還是無可撫慰？或只

能在象徵上部分地滿足？對某些人而言，是只要有一點點象徵滿足，就夠了，但是有些人卻總是不足夠，總是輕易淹沒了滿足感和自我，使得社會一直流行著「做自己」的說法。

什麼時候，淚水失去了創造出奶水的能力，這讓淚水做著自己的失落者。「做自己」，好像是所有問題所簇擁而出現的命題，這樣就能解決很多眼前的困局嗎？不論這種說法是否是真正問題的源頭，但它的浮現，並在社會上成為主流的說法，意味著有潛在的其它內容，而要「做自己」，意味著是自己不見了，被拿走了？還是被壓抑了呢？

什麼時候，淚水失去了創造出奶水的能力，這讓淚水做著自己的失落者。回頭看人生的發展，是什麼時候開始有失去自己的感覺呢？是否是最早期的哭泣，卻無法創造出奶水，而且是被現實所確認的事實，讓人的理想想像遭遇現實打擊，並確定自己的淚水，無法製造出奶水。奶水是來自母親，這對自己是殘酷的打擊，從此淚水就是失落傷心的淚水，不再是有能力創造出奶水的淚水，這讓淚水伴隨著無力的挫敗感。

「自己」掉到哪裡去？

後來要做的那個自己，真的是自己要的那個自己嗎？當整個社會強調「做自己」，除了意識型態的因子

外，還有生命早年失落經驗的反映，「做自己」也是所有焦慮憂鬱裡爬升出來的核心命題。但是最核心的是，自己的失去和失落，是可能回復成功的心理工程嗎？人可能找到自己嗎？後來覺得要做的那個自己，真的是自己要的自己嗎？或只能重複地失望？尤其是這個想像中的自己，就算是以當代共通的語詞來描述它的內容，卻仍是充滿著，在挫敗的現實裡形成基礎的那個自己。

後來要做的那個自己，真的是自己要的那個自己嗎？何以人在生命過程裡，常需要在眼前的環境，重複某些挫折行為，讓這些行為看起來，被解讀成是在阻抗自己問題的改善？但本質上更像是要確認和見證，當年到底是什麼樣子？讓自己不斷地問著：為什麼是我？為什麼我會這樣子？以疑問的方式呈現，讓生命像是在找尋自己，但重點在於疑問，而不是在於自己的內容；疑問才是真正的動力，不可能停止疑問。真正的問題可能不在於有疑問，而是無法讓自己接觸這些疑問，疑天疑地，懷疑整個世界，讓自己蒙受失落和受苦。

後來要做的那個自己，真的是自己要的那個自己嗎？例如，何以有人不斷地以身體性交，來體驗眼前這個人是否就是自己要的人呢？何以需要不斷地追尋，並以身體做為了解別人的方式和工具呢？何以無法依靠其它心理和象徵的方式呢？除了肉體的滿足外，何以無法以其它象徵方式，去判斷另一個人是否是可以依靠的人？可以依靠的人，是被說出來的心理訴求，或者會以

是否愛對方或被對方所愛，做為追尋的方向？

防衛是為了避開什麼？

　　生存就是要活下去，而活下來的人的生活，圍繞在愛恨、善惡、好壞等人生課題，但是如果人生的開始是在面對無可命名的恐怖後，為了要活下去，於是自我會努力地尋找方式來減少恐怖感，依目前的理論和觀察，有兩項防衛方式是最直接且有效果，亦即「否認機制」和「分裂機制」。「否認機制」是最直接的方式，以否認這些感受的存在，來避免痛苦，不過，不必然能夠完全達到目的。

　　生存就是要活下去，而活下來的人的生活，圍繞在愛恨、善惡、好壞等人生課題，因而需要再有「分裂機制」來補強，以二分法來命名愛恨、善惡和好壞，並將壞的部分投射出去。不過依臨床來看，這種機制也是不完全運作，仍然會有漏網之魚留下來。何以會這樣？仍是充滿曖昧的命題，這些都只是為了替沒有名字的內容尋找標籤，不然人是很難面對那種處境。「分裂機制」的出現，是自我為了防衛而出現的方式，這些二分法的愛恨，只是為了避免讓自己再回頭看著那些沒有名字的恐怖，甚至在愛恨兩者之間，是某種曖昧，處在恐怖和「分裂機制」之間。

　　生存就是要活下去，而活下來的人的生活，圍繞在

愛恨、善惡、好壞等人生課題，這或多或少可以說明，雖然一般都以愛恨做為主要的爭論點和人生的課題，但是仍常會遇見，愛了卻又覺得不是原來期待的樣子，有了恨意卻又覺得很愛對方的糾纏，甚至覺得自己去愛人會帶給對方惡運。是否這些現象所反映的是愛恨、好壞和善惡，只是為了讓自己避開更恐怖的所在？

治療師在等待什麼？

我們大都在等待，但等待什麼呢？從治療實作的方面來看，當我們專業職人決定要做或說些什麼前，我們會說「再等待」，但什麼是等待呢？有人說是等待最好的時機，這是指時間的意思。我們真的只是在等時間過去嗎？難道不會做什麼心理準備嗎？也許過程裡的等待與依賴是有些關係，我們是需要依賴以前的經驗和知識做為等待時的背景。

我們大都在等待，但等待什麼呢？當我們在等待時，勢必就有所依賴，只是依賴什麼呢？這種依賴並不是一般常說的不獨立，反而是獨立所需要的基本配備，是可以安全依靠他人的「依賴」。尤其是治療師要如何等待呢？在等待什麼？我們有什麼目標做為等待的依據？或者什麼時候就不再只是等待？所謂不等待是表示說什麼或做什麼嗎？說什麼或做什麼時，就不再是等待嗎？難道沒有在說什麼或做什麼時也心知肚明？目前所

做所說的，都只是一時的需要或是同感的描述，但同時也是一種等待呢？

　　我們大都在等待，但等待什麼呢？「等待」做為任何技術的潛在基礎，任何說和做都是在「等待」。但是到底在等待什麼呢？等待個案走進符合我們心目中的精神分析理論的範圍，然後很高興地發現，我們終於可以用我們熟悉的理論，來看這位個案了嗎？或者我們持有並依賴的理論，是我們建構出來的，是為了在茫茫人生大海，看向天空的北極星，做為可以標定自己方向的參考點，至於要航向何方，或許只能說是某個地方，或某些人說的彼岸？

客體關係的溫度

　　人和人之間相處有溫度嗎？這是一個曖昧的語詞，引用《圍牆裡的精神分析》（無境文化，2018)裡描繪的立場：「雖然我們宣稱這是精神分析取向的工作，我們也深知離理想的精神分析取向的工作是很有距離的，包括場地的所在、參與者的意願和動機，以及我們在精神分析的有限經驗等侷限，如果要精準的表達這本書的意圖，也許是說，我們嘗試以精神分析的臨床經驗和理論，消化這群犯行者的種種說法和態度，並試圖在這些說法和態度裡，尋找，是否還有餘地？」

　　人和人之間相處有溫度嗎？這是一個曖昧的語詞，

也是我重複論述這個主題的緣由，我要從這些論點裡找到餘地，貼近溫尼科特所說的，過渡客體和過渡空間的意味，在這些狹小的空間裡，藉由想像擴展臨床常見的現象，尋找技術和理論上的深度和溫度。過渡客體既不是內在客體，也不是外在客體，所以它是曖昧的嗎？客體關係裡「溫度」是很重要的，雖然精神分析文獻較少提及這個語詞，但它的涵義一直被埋伏在其它重要語詞裡，例如中立態度、分析態度、節制、想要治癒個案的欲望等。

　　人和人之間相處有溫度嗎？這是一個曖昧的語詞，我們真的相信，在執行這些精神分析語詞的過程，人和之間的相處溫度會不見嗎？除非我們堅持，這些態度是指我們要冷漠，但是精神分析不是要冷漠，也不是要過度熱心到淹沒對方，而這中間有多少的景色呢？這個曖昧的語詞──「溫度」，它無時不在人和人之間，卻是一直被避言不談的某種狀態。

淚水在說什麼？

　　說著沒有難過的感覺，淚水如同心中來來往往的人們，失落後的某種狀態，讓所有的象徵和具體的人事物都是活著的，都是可以自己說話，說些難以了解的話。言語難以抵達的地方，靠著自己的語言前進，也靠著淚水和其它故事裡，隱含的無法言說的內容，往前探索。

退行和前進的交錯，她說自己沒有難過的感覺，眼淚卻不停地掉落，把自己關在家裡，不想出門，不想跟人有接觸，看書總是不停地掉眼淚。

說著沒有難過的感覺，淚水如同心中來來往往的人們，以不想和其他人碰面的方式，說出和其它客體的關係。心中有客體，卻以不想在現實裡碰面的方式存在，淚水不再只是對著自己，而是對著她口中的，不想和他人碰面的那些他人。眼淚的掉落，如同某種失落，眼淚是生下來就有的創造物，因此讓眼淚一直流，意味著重複著早年的那些失落嗎？雖然我們可能會覺得，個案是有某種情感被遺忘或者某種情感被拋棄了，因而沒有察覺到自己的難過。

說著沒有難過的感覺，淚水如同心中來來往往的人們，因為總是想到某些事和某些人，就不由自主地掉淚。當淚流下，人也走了，每滴淚水都有自己的命運，自己的日子要過下去。淚水如何保存自己呢？每滴淚水裡都有某個故事，然而只流著淚水時，卻是最模糊不清的曖昧時刻。

如何介紹空洞的自己出場？

不是想死，只是不想活；想不到有什麼興趣，也沒有值得留戀的對象。不會留戀新的人，因為最喜歡的人已經分開了。某個案說，憂鬱不是轉念就好了，個案先

前重複談著小時候父母離婚，她只好跟著父親，不久父親再婚，父親根本就不再理會她。她是一個人孤獨長大，好幾個月重複談這些話題。沒提及父親到底做了什麼事，讓她覺得受傷害，個案談這些話題時像是在控訴，但是少了情緒，像是在談論別人的故事，語調顯得平板無趣，激不起治療師想要多了解的興趣。當治療師想要多問些什麼，個案很快又回到相同的主題，甚至讓治療師想要同理個案的話語都說不出口。

不是想死，只是不想活；想不到有什麼興趣，也沒有值得留戀的對象。直到有一次，個案談論最近和女友的衝突，顯得很生氣，表示怎麼做都不對，女友不願和她溝通。治療師覺得這次的會談，比較有活力，個案整個人活了過來，這是什麼意思呢？何以個案說了這些目前生活上的事，且有衝突的細節時，治療師會覺得活過來了？這意味著治療師被激活起來，是因為個案較有情緒，而且談論衝突時，說了很多生活事例，但從另一個角度來說，何以活過來是以衝突和情緒做為場景呢？

不是想死，只是不想活；想不到有什麼興趣，也沒有值得留戀的對象。這是否反映著，自小失落經驗的空洞和抑鬱的描述是無趣的，後來提到最近的生活衝突，像在空洞式的心裡，有了生趣的刺激？人生是一路走，一路掉東西，現在什麼都沒有了，因此自己在介紹自己時，都是那個充滿無力也很不滿的自己？至於空洞的自己卻很難介紹給自己認識，也很難介紹給治療師，無法

讓治療師認識到還有那個自己，雖然治療師可能很快可以感受到，是有那個自己的存在。

重複失落的經驗

自己介紹給自己認識時，需要多少曖昧呢？例如某個案常說，她老是無法留住人，她也都會接著說，她無法使人向她低頭，覺得自己在和他人的關係裡，大都是幫忙別人做了很多事，想要證明自己的重要性，結果卻總是發現，自己在別人心中的份量，並沒有因此比較重要。她覺得自己缺乏安全感，好像只是在重複證明著，自己是不重要的，這些想法之間的關係，雖然仍是曖昧不明，但個案卻說得理所當然。

自己介紹給自己認識時，需要多少曖昧呢？個案說得環環相扣的事情，需要我們重新以不同的想法，讓個案可以有更多元的思考。何以她總是要以性和身體的互動，做為自己認識男人的方式？或者這是她介紹自己給自己認識的方式？常常不像是為了欲望的滿足而和男人上床，而是覺得只能透過這種方式，來了解對方是否看重她？如同小孩要認識世界，就是拿到東西就先往嘴巴裡塞，以嘴巴來親身了解這個世界？

自己介紹給自己認識時，需要多少曖昧呢？這種想像在「心理真實」上並不是想像，而是真的有失去的經驗。這是失去什麼？有更早的失落經驗嗎？是如溫尼科

特所說的，過渡客體的失去，或者斷奶的失去，如生不如死或者就是死去了？但是在死去裡再活著，而且活下去，就好像生命早期的嘴巴和乳頭的關係，嘴巴感到乳頭的失落後，一直在尋找失去的東西，從此嘴巴和乳房的曖昧，延續到成人的性行為裡？

路過小時候的故事

等待一句話

來自他方的蒼茫

遙遠擁抱霧的身段

聽到的

只是兩聲

滴著單薄的哀愁

零落咀嚼午夜的漂泊

一心追逐風中

淡淡的一陣臉紅

等待

奶水和淚水之間有多曖昧？

　　當兒歌唱著：「一眠大一寸」這種超現實的期待時，代表著什麼意思？

　　我們都在等待，吃飽後等待肚子餓，有時候等待是一種殘酷，而不是一種日常。但是殘酷卻是日常生活裡隨時發生著，不可能隨時有人替自己服務，讓飢餓的自己可以馬上伸手，或者想一下，奶水就被自己的想像製造出來，自動充滿了嘴巴……然而，這個事實並沒有被人完全地消受。

　　我們的等待，果真就沒有這種期待嗎？期待嘴巴張開，就是一種神奇般的創造，或者一點也不神奇，就只是很自然地把嘴巴張開，最好在還沒有哭出聲之前，就自己創造出奶水來滿足自己？但是為什麼不一直維持這種明目張膽的等待呢？等到長大了，我們都變得不敢再說我們曾經是這麼期待過，我們曾經相信嘴巴張開前，

就有能力自己製造出奶水來滿足自己。是我們變得謙虛了嗎？或者我們有了現實感了？我們會誠心相信，我們的嘴巴沒有創造出奶水的能耐，承認那些奶水是從媽媽那裡來的？走到這地步，有那麼容易嗎？要經歷多少辛酸的心理故事才能走到這一步呢？佛洛伊德曾說，要從成人精神官能症的分析裡，建構生命早年的心理史，這是一條線索，但這可是比伊底帕斯情結時的二、三歲，還要更早時候的心理故事呢！

在這些等待裡，有愛的成份嗎？或者愛早就存在，只因為自己製造不出期待的奶水，而開始對自己產生恨意，讓很原始的愛自己（也許有人說是『自戀』），被恨意蒙上霧般陰影，也許這也是讓自己處在如陷霧中的恨意吧？因此這種時候的等待，是自己在等自己，或者更貼近的說法，是自己在等待自己的恨意是否能夠雲消霧散？也許對任何人來說，這種等待是一種不可能的任務。

好吧，也許人就是在這種不可能的等待裡，等待著什麼吧？我們真的知道或真的想知道，自己在等待什麼嗎？或者我們早就知道，沒什麼可以等，沒有什麼值得等待的？只是我們不願意太早告訴自己這件事，為什麼呢？無關對錯，而是有關輸贏。自己的人生，早就有原始的自戀撐著自己，不能認輸——包括自己不能承認，自己竟然無法創造自己的奶水。

那麼這個變化的過程，是我們在等待，而且是我們希望等待的結果嗎？這個中間地帶，比溫尼科特（Winnicott）所說的過渡客體或過渡空間，還要更早就發生了。溫尼科特主張，後來過渡客體就被遺忘了，人生繼續往下走了，但我主張，它不曾完全消失過，一直以不同的樣貌存在，構成我們在等待時的潛在因子。而溫尼科特說過，過渡客體既不是內在客體，也不是外在客體，但它卻潛藏著創造力。我的說法是，這個既不是內在，也不是外在的說法，是種曖昧地帶。相對於直接了當的說，我們上床、做愛和生小孩吧，從此過著日常生活，這是種缺少曖昧的過程，讓等待時的酸甜苦辣化成一道雲煙，從此任何愛情故事將重新改寫。

　　或許有了等待，我們才知道，不需要等待的人生，是沒有自己的，或者那是絕對的自戀。這種「絕對」意味著，曾經存在過的，早早就不在了，不在人世間了，是這樣嗎？我們的自己是在等待裡堆砌起來的，溫尼科特也許會說，那是「假我」，在建構自己堡壘的過程，堡壘裡的那個自己，也許就是從來不需要等待什麼的自己，是早就無法面對堡壘外的世界而活下去的自己？

　　但是我們不可能完全放棄那個自己，除了後來學到「道義」的說詞，還有更重要的是，自己不可能拋棄自己啊！雖然我這時候這麼說，是有些心虛，那種心虛很接近失落的空洞感。難道謙虛、心虛和這種空洞感，是

這麼接近嗎？這是自己偶爾會掉進去，卻覺得可以不出來的地方嗎？或者不是出不出來，而是會見到被包圍在堡壘裡的自己，自己絕對相信這是當初奶水的製造者，永遠不可能也不能忘記的自己，就算那裡只剩下廢墟，仍是自己的情感所在。

這是什麼意思呢？我們活下去，被「性的本能」推著走的活下去，有可能會願意認定，那個堡壘裡不願承認失敗和失落的自己，是我們情感的所在嗎？但是如果不這麼猜想，我們如何了解葛林（A. Green）這位怪才發表如宣言般的情感（affect）理論呢？我並不是要大家馬上採納葛林宣稱的情感的說法，然後我們就閉起眼睛說，是的，那就是深層的情感。做為「有自己經驗」的自己，自然不會如此快地把葛林的情感理論，當作是重要的一回事。不過反正他已經不在人世，不會再以新的語句來責罵任何人了。

有這種等待嗎？
等待著沒有事發生、沒有人會來的等待？

我們花了多少心理的時間，來確認奶水不是自己創造出來，而是由那位我們叫她媽媽的人製造出來的？真的嗎？除了自己有能力外，真有其他人也有創造奶水的

能力嗎？我們曾經自己製造奶水，送到自己的嘴巴，這是多麼偉大的工程成就啊！但是都被媽媽製造生產的奶水補給線，破壞了自己的生產線，竟然變得真的需要依賴另一個人。

天啊，這是多麼巨大的玩笑啊！讓我們需要更多的時間，等待另一個人有空的時候——一切都要在另一個人有空的時候！因此等待，變成是在等待另一個人有空的時候，送來她專案生產的奶水，如果太晚送來，我們一定要吞下去嗎？這可是包含著一口氣啊！我們在等待的時候，就升起的一口生氣。等待奶水送來的時候，那口氣已經漲滿了嘴巴。我指的嘴巴是包含從嘴巴到肛門啊，那時候我們不需要知道，有嘴巴、胃、小腸、大腸和肛門這些區分，對我們來說那是不必要的知識，反正我們如何吞得下這口氣呢？

這可是一場戰爭吧？！

是啊，但是為什麼而戰啊？戰爭需要理由嗎？最重要的能力，「製造奶水」，都被拿走了，我們還有什麼好遺憾的嗎？我們遭遇這變局時，會製造出什麼理論來向自己說明，或者遮掩這些遺憾呢？還會害怕失去什麼嗎？或者我們不可能完全相信，真的失去了那種能力？或者並行的時空是，互相不認識的「相信」和「不相信」並存著，因此沒有哀悼也沒有憂鬱，只有曖昧，在兩者之間尋找著答案來回答，失去最基本的戰略物資製

造業和製造奶水的能力？

　　這是個值得觀察的主題：我們後來在意識上，有多少程度的相信或不相信，也就是意識上兩者之間，共存時的成份比例是什麼？如果我們還有一絲絲相信，像一線的陽光射進暗室裡，那仍是重要的希望，有那道光線的存在，就會讓等待變得不一樣。也許，我們偶爾在肚子飽的時候，會想像那道光是如何變成一尊神，可以沿著光線走出暗室的神，不過這需要更多的理論，才能完全說服自己，尤其是以後要說服別人有神時，更需要理論。

　　這時候，我們只能在帶著希望的那道光線下，同時知道自己是身處暗黑，就算睜開眼睛仍是這樣子。「有光」只是證明失去而變成黑洞般的這件事，這是多麼殘忍的人生事件。我們還必須隨時見證自己曾有的失敗，我們已經忘記了，到底什麼時候開始學到，可以完全忽視失去自己的空洞感？或者我們根本不曾真的忽視這種空洞感，而是不時地以不同的視線，看著自己的空洞，雖然看這些空洞時，都是呈現了擁擠的矛盾，以及伴隨而來的無窮盡的衝突。

　　每個矛盾和衝突，都是納悶和不解的心情，有著想了解和不想了解的曖昧！這些想像在臨床裡的相關性，需要花更多的文字來談論。

　　我在書寫這些聯想的時候，每個想法的背後，都有

某些個案的片段浮現，做為我前述推論的基礎。我先做些簡略的描述。

　　例如，一個人長大後的失落或悲傷裡，有多少成份是來自於，還沒有意識到自己創造奶水給自己喝的想像前，就已經開始崩解？連自己都懷疑，自己是否真有這種能耐？之後，覺得自己不但失去了那種能力，甚至覺得自己一開始就不是那個有創造力的人。雖然後來知道奶水不可能由自己創造生產出來，但是這種確認卻是苦澀的，我們會說這是成長，這是接受現實，但真的就是這樣嗎？

　　如果前述的可能性是存在的，我們仍需要再回到臨床實作，來觀察這些失落是如何影響著，我們對於未來人生的等待，以及等待什麼？如何等待？個案還在掙扎著，等待未來式的以後該怎麼辦？這種情況下的等待，是什麼樣的等待呢？是等著活下去或是等著再死一次？只是還得再細想，這種死是怎樣的死？是一般想像的那種身體過世的死嗎？或如同佛洛伊德對於兒童性心理的發展所主張的，不論成人世界如何定義「性」，對於「小孩從哪裡來」這件事，兒童自有一套他們私密的性理論，這種說法在目前的臨床經驗上，仍是相符的。那麼，是否對於死亡也是類似的呢？兒童也早就有一套私密的死亡觀點，什麼是死掉了，死掉以後會去哪裡？這些私密的想法，都以安靜的方式影響，甚至左右我們在

等待時的細微狀態和態度。

等待只是等待，
或者做很多事才是等待？
無事可做的等待只是空等？

　　治療師在診療室裡的等待，有多少成份是像媽媽在等待「嬰兒快點長大」的心情呢？何以需要快點長大呢？除了一般想像的，嬰兒的長大可以帶來其它的歡樂感之外，他們在初生下來時，媽媽的等待裡，其實正發生著一場人生的大戰呢！曾聽過一些個案，在生下小孩後，和小孩之間產生的一些心情，這是我以下的想像和推測的基礎。

　　例如，剛生下嬰兒的媽媽很生氣的說，這小孩怎麼這麼愛哭......於是小孩哭，她也跟著哭！這是一場很原始的心情和期待的戰爭之一，如果嬰兒不哭，那麼媽媽就不需要花力氣去安撫嬰兒？

　　也許這是很原始的心情吧？幹嘛老是哭呢？不過，先不要批評，去指責做媽媽的怎麼會如此殘忍。嬰兒會哭泣，原本就是很自然的事嘛，不過由於被當作是自然的事，就讓我們忽略了，它對於作息穩定的需求，所帶來的困擾反應。理論上，做為一個足夠好的媽媽所面臨

的挑戰會是什麼？我在此提出的想法是，如果媽媽很難等待小孩長大，她所呈現的困擾和反應，會如何影響著嬰孩心智的發展？

對於嬰孩無法馬上順適大人的作息，我們不能過於理想化的說，媽媽一定要「不覺得是困擾」，這樣才是好媽媽。我的觀察是，嬰孩的哭鬧幾乎都會對媽媽造成「干擾」，大部分人是在這種不夠完美的情況下長大，也許這種不夠完美就是最完美的呢！如果哭泣是很原始的人性反應，而這種原始的反應，在母嬰之間到底會帶來什麼樣的心理衝擊或衝突呢？

尤其是我們的社會，大部分的人總是以「不要再哭了」，做為成人世界互動的重要勸言，何以社會是如此的狀態？大人世界的不鼓勵哭泣，意味著這是不成熟的反應，那麼如果由這點回推，一般人是在什麼時候會被媽媽覺得「不可以老是哭泣了」？這跟言語的發展有關嗎？不再哭之前的階段，媽媽是如何等待呢？

另一個也是嬰兒出生後很重要的事，那就是嬰兒和大人世界的戰爭，除了「哭泣」之外，再來就是「喝奶」這件事，不論是吃母乳或喝牛奶，都會遭遇一個古老問題，如某些個案曾說過，小孩子為什麼要吃那麼多奶啊？為什麼一下子他就餓了啊？聽來是有不耐煩的感覺，但是這種不耐煩就表示不是好媽媽或好爸爸嗎？我是假設，不耐煩是很普通且常見的反應。再仔細觀察，

就算是盡職有耐心的好媽媽，難道就不會在餵嬰兒喝奶時，心裡想著，嬰兒的喝奶時間最好不要在半夜，孩子如果能夠一睡到天亮，是多麼好的事啊！這樣的寶貝真的很懂事呢！

　　我想說的是，只要有一絲絲前述的念頭，就可能會掀起一場無言的戰爭。要如何讓嬰兒文明化，讓嬰兒的作息，變成大人世界的作息結構呢？這可能是嬰兒被生下來後的結構之戰。不過一般來說，就算父母有這種期待，也會被「嬰兒是嬰兒，不可能有大人的生活結構」的想法而壓抑了，因而可能轉化成家裡的男人與女人之間的戰爭，吵著誰應該半夜起來餵嬰兒吃奶，夫妻以男女為名，爭論不休。這場帶有意識型態的爭議，除了男女雙方各自的心理狀態外，嬰兒出生後，也被加進這場戰爭，要訓練它們，讓它們能夠盡早地適應大人的生活時間結構。

　　這是否違反了一般認為的母愛或父愛呢？也許是！但這是衝突的嗎？父母之愛是可以不必期待嬰兒作息時間的社會化嗎？這種「不期待」是可能做得到的嗎？這種「不期待」是否可能衍生其它問題，例如，嬰兒的社會適應？這場隱形戰爭，除非變成夫妻之間以男女權利的戰爭呈現，不然不太會被注意，但變成意識化的隱形戰爭，人性的某種期待是落空，甚至不被思考，這會帶來什麼影響呢？

也許有人覺得這個命題太誇張了，做為父母不會這樣子啦！如果從另一角度來想，當兒歌唱著「一眠大一寸」，這種超現實的期待是什麼呢？這些爭戰都發生在父母等待嬰兒長大的過程裡。這種等待和被等待，也在希望個案可以改變、可以改善、可以更了解自己、可以更獨立等隱形的期待下，這些會如何影響著我們做為治療師的等待？畢竟當腦海浮現「這需要時間等待」時，是我們在分析治療的過程，常有的某種掙扎或爭戰，這存在我們的心中或在和個案的關係裡。

時間就是金錢？
父母調整嬰兒的作息，讓嬰兒可以適應大人的生活，這是時間的戰爭。
人生為時間而戰，而媽媽的等待是什麼？一定還有金錢以外的東西。

也許花力氣最多的地方，就是情感的所在，不論那是情感矛盾的所在，或是高興愉悅的所在，而這通常也呈現在診療室裡，那裡也是情感矛盾的故事所在。人們在診療室裡，重複說著矛盾與衝突的人際問題，但何以說了一次後，還要繼續再說更多次呢？只因覺得治療師聽不懂、不願聽？或是因為個案覺得這是不可能說得清

楚的事情？但個案何以又說得有因有果的模樣，故事的人或事都有前後脈絡和歸因？他們是在等待故事中，曾跟他們衝突的人可以改變嗎？這是一種等待，等待了二三十年，甚至更久了。後來可能對方已經不在人世，個案才來尋求心理治療，但他們也還是在等待對方能夠改變呢！這種等待是常見的，雖然個案來分析治療，心中卻是隱隱期待著，和他們糾葛萬分的對方可以改變，包括改變當年他們對待個案的方式。

在時間軸上，雖然過去的早就過去了，但並不必然在心裡就會如此認定，覺得那是過去的事。有人會以現實的角度來說，那是過去式了，勸說個案要放下，但在心理上，會是如此單純嗎？這種等待裡，沒有其它的幻想和期待嗎？例如，等待對方跟他說句「對不起」，那麼他就可以原諒對方了。這是不切實際的期待和等待嗎？若如此，何以受政治迫害的遺族，會希望當年的政府或者傳承當年政府的執政者，能夠道歉？這種道歉對於很多等待正義再現者，是很有意義的！包括心理上也是如此。如果回到診療室來說，可能因為移情的緣故，轉型成個案在等待治療師向他道歉，因為治療師無法如他預期的幫上他的忙。這種道歉或沒幫上忙，可能是來自個案對於當年傷害他的人，沒跟他道歉的感受。

這是在等待上很有趣但也很受苦的實情。那麼，我們做為治療師，是在等待什麼呢？等待個案承認看錯我

們了，而向我們道歉嗎？不過這些表面的等待道歉，可能還有更深層的其它因子，促使我們在那裡等待呢！有更複雜的可能性，例如，可以哭泣，然後宣稱我們還是有血有淚的真情人生？我們一定是在等待什麼，不然那股「性的本能」所引發出來，替我們的人生打工的驅力是不會有著力的所在。但是失去自己製造奶水能力的人，憑什麼要再活下去呢？光是活著本身，就需要重複地證明，然後再活下去。

　　這是跟父母掙扎的人生！個案宣稱這一輩子的幸福早就被父母奪走了，那麼還能等待什麼呢？就只在愛恨裡尋找愛恨，或者希望等待到某一天，有一些既非愛也非恨的玩意嗎？真有這種東西可以等待嗎？這是值得等待的人生嗎？有誰幫我判斷一下啊，有誰會聽到這句來自深沈世界的呼喚啊？

　　如果當年有這麼多的複雜因子，我們此刻做為治療者，在等待個案可以對這些場景有更多的了解時，我們背負了這些場景裡多少的潛在欲望？再加上治療師個人的欲望，那將會如何影響我們在等待時的反應和情感呢？尤其是那些以負面、陰面或negative方式存在的，缺席式的存在，那是能被等待的嗎？或者當它們出現時，我們認得出它們嗎？一如我們在月亮下「等待」，是為了羅曼蒂克的情感，或是可以看清世間的人情呢？

　　其實缺席式的存在和等待，佛洛伊德早就以「陽具

欽羨」的方式表達過；小女孩從小到大就一直在等待著
那根從來不曾擁有過，卻被想像是曾有的陽具，但終究
是不可得。小男孩則以「陽具閹割」的型式，來呈現這
種缺席式的存在。如果只以男孩女孩，來想像這些語彙
的象徵，就會陷入簡化式的、太「性」化或太男性沙文
式的便宜論述裡，畢竟，佛洛伊德所說「人的兩性
論」，仍是臨床上值得觀察和想像的。

等待「真我」，有這件事嗎？

　　當我們意識到有「母親的乳房」這件事時，也許是
幻滅的開始，因為「奶水」從此不再是嬰兒自己的哭聲
和淚水製造出來的。這是一種想像，我不知道嬰兒是不
是一定這麼感受，但是當佛洛伊德在1914年，提出他對
於「自戀」的觀察後，精神分析的視野就不再只是二、
三歲時的伊底帕斯情結和精神官能症了。雖然他在後設
心理學的理念是走得比較快，但在實作上，「自戀」的
概念和臨床的觀察仍是緩慢的，也就是佛洛伊德在後設
心理學的理念像是先行者，但是他的臨床實務討論文
章，大部分仍是圍繞在伊底帕斯情結和精神官能症的領
域。因此是後設心理學的概念，在前方等待著佛洛伊德
的臨床理論趕上來。

我在這裡談論的「想像」，包括「嬰兒的淚水和哭聲是奶水製造者」的假設，這是生命最早期，還沒有真正的客體概念，例如「媽媽的乳房」這個客體概念之前，「自戀」似乎是可能的狀態。但「自戀」不是用來罵人的，它是在只有自己的情況下，仍要掙扎地活著和活下去的重要力量，若沒有這股力量為基礎，就算後來加添上的種種現實做為後盾，可能在強度上仍不足以和這股原始的自戀力量相抗衡。

　　我這麼想是有證據的！這個證據就是人一直說：「要找真我」、「要做真我」，這是很流行的說法，被當作是很正向且重要的任務，而我何以卻說那是「自戀」的證據呢？首先要了解，這裡所說的「自戀」，不是目前精神醫學診斷條例裡說的，全然負面的人格，而是人如何在心裡覺得毫無資源的情況下，仍潛在相信自己能夠試著活下去。何以大家說要找真我、做真我，是「自戀」的據證呢？這並不是佛洛伊德在他的文章《論自戀》裡所說的。試想，何以整個社會可以接受這個真實，很空幻的「真我」的概念呢？我們可以想一下，是誰來決定那是「真我」呢？依據別人的定義，或完全依據自己的想像來定義什麼是「真我」？也就是「真我」的感覺得以出現時，需要什麼樣的心理力量，來支撐那就是「真我」呢？那是需要自己確認的，而最強力的確認的心理力量，是來自人的「自戀」。

大家真的會接受所謂「真我」，就是那個可以用淚水和哭聲來創造奶水的自己嗎？從外在現實來看，這不是真實，但對於心理的發展來說，卻是人相信明天的自己還是自己的重要力量呢！「自戀」，是從一開始可以在毫不需要外在現實和客體的支持，只相信自己的那種力量。是否有著這股力量，才能讓人可以靠著自己，相信自己還有明天？或者相信今天的自己，就是昨天的自己？是否要有這種力量，才是後來相信有個「真我」可以尋找的心理基礎？

　　但是後來的日子呢？只是一直在假裝等待？因為根本不知道要等什麼，因為能夠創造奶水的自己，已經被自己看穿了，自己面對自己時，還能夠偽裝得不讓自己認識嗎？直到後來，在某些挫折情境下，要找出「真我」的想法再度浮現出來，浮現著等待，那一天可能有真正的自己被找到，然後可以介紹給自己認識，說那是自己、真正的自己，那是早就該認識的自己，只是因為某些不明原因而離散了，此刻終於找回來了，這樣子，自己就願意認識並接受這位久未見面的自己嗎？回來的自己會有鄉愁嗎？如果有，會是什麼樣的風味？而且重點是，在久經離散後，何以相信這就是真正的自己呢？

　　如果沒有這種「自戀」，人如何相信，明天來時會是明天呢？雖然另有一種破壞的「自戀」，如克萊因學派者所說的那種「自戀」，那是明天永遠是以前，是以

前那個沒吃飽而不斷揮舞著手要活下去的嬰孩……但是嬰孩每個可愛的揮手動作，都變成了後來的人生，變成了青少年、少年或成人，揮舞的手變成了有肌肉去打擊周邊人事物的動作。這是等待嗎？或者誰能說這不是他們的等待呢？等待的明天，仍是昨天和前天。

當你認真地找回想像中「真的自己」，原來的自己就會喜悅地迎接嗎？

伊底帕斯王何以在發現自己的真相後，卻弄瞎雙眼，開始流浪的生活？我們說那是「伊底帕斯情結」，有人卻把這情結當成是要依著這暗示走，認為一定要袪除上一代，才是做自己？這可能是錯把潛在心理的想像，當作是「神諭」。

　　青少年某種常見的心態，是對抽煙懷著想像，好像如果可以抽煙，我就是大人了。這是錯覺，卻是很真實的成長過程的一部分。是不是這種錯覺就是錯的，然後就可以不再那麼想像？倒不必然如此，不過還有其他更早的想像，可能仍持續影響著人生後來的發展。佛洛伊德說過，兒童自己建構的性心理學，跟成人世界是不同的平行想像。那是隱密發展的想法，很難被意識到而一一檢視。就精神分析取向來說，這仍是一種假設：關於

隱密想法不斷地發揮著看不見的影響力。

　　例如，等待小雞雞長大，就可以解決一切問題的想法，早就是常見的「等待」。以這句顯明的話語來說，好像「只要我的小雞雞長大後，我就可以做爸爸了」，呈現在意識上，也許可以擴展至「只要我有權力，我就可以完成我的理想」。這裡的「只要我如何」，都是節制自己和提醒自己，要等待的意思，如果有這種可能，等待就不再只是單純的等待——所謂單純的等待，本來就是一件「不曾如此」的事。那麼，等待小雞雞長大，就可以做什麼事的想法，既然是如此隱密的存在，這想法會如何左右人的發展呢？而且，人在承認自己的雞雞是小雞雞時，承受多大的人生恥辱和失落呢？

　　至於什麼才是一切問題，自己可以掌控的領域有多大呢？如果「真我」是位雞雞小小的人，這不是很難堪嗎？或者後來真的會是如此計較具體雞雞大小所帶來的幻滅感嗎？這種情況自然也是存在的，只是我也好奇，後來的雞雞有長大的人，他們當年覺得只要有大雞雞，就可以做很多事，那些事在長大後會是什麼呢？還是當年想過的事嗎？他們會有一種，哇，終於等到了的感覺嗎？

　　可不要忘了，診療室裡，有不少人在工作或職務終於等到了自己想要的位置後，才開始明顯呈現出失落和抑鬱感呢！也許這些失落和抑鬱感，早就隱藏並等待在

某個心理角落呢！也就是一般說的，勝利者一無所獲的情況，甚至是，不是覺得一無所獲，而是突然的映照出某種失落和抑鬱感。

　　另外，沒有雞雞或者雞雞比較小的人，還能等待什麼？只能不斷地等待哪一天可以巧遇那根當年被奪走的雞雞，但如何相認呢？小孩幻想的大會有多大呢？有什麼失去的記號，可以讓自己認識那根失聯已久的東西？不管它是不是叫做「陽具」，或者是什麼名稱，一點也不重要！但是真的不重要嗎？如果這樣，那麼俗語說爭名利，是在爭什麼名呢？只是表面的董事長或院長之類的嗎？那種權力感只是後來現實上利益的權力，或者還有更早的影子，在那種權力感上頭？一般說法，在爭取的過程裡，也是需要等待的──看來「等待」漸漸被蒙上其它的雜質和陰影了，不再只是等待自己創造的奶水，或者是等待母親的愛了。這些都是陽光面的等待，但是陰影裡，還有更讓人好奇、更讓人被吸引而想要等待的東西呢！

　　再進一步推想，技術上有「同理」或「同感」，如同個案希望被見證當年的苦難，這種等待被看見的是，當年的小雞雞嗎？這是什麼意思呢？我可不是故意找麻煩，隨興問這種好像只是語詞之辯的命題。試想臨床實作過程裡，大部分個案是抱持著等待的心情，等待哪一天或者儘快地，治療師能夠知道他們當年是多麼辛苦，

他們是如何熬到今天的。

這一切都有自己的等待，靠自己走過去，也有等待治療師可以看見他。他在心理上期待治療師有天能夠見證他當年的苦難，或是雞雞還太小的年代，這種等待何以會成為個案在診療室裡的需要呢？這是值得再觀察和思索的命題，雖然有了「移情」這個語詞，不過這個語詞顯然包含太多內容了，還需要更多的拆解和描繪。

可以想的是，個案真的會希望有另一個人看見他們當年，只是有小雞雞或只是一個受苦受難的人嗎？他們沒有感到自己現在已經是大雞雞了，或是覺得已經走過那些苦難了？他們真的會想要有人見證他們當年是如何渺小，等待著有一天，心理上的那一天，可以被看見？

等待的過程，中途跑進多少後來加進來的期待，卻被當作是當年的期待？

為什麼談「等待」？因為它是治療師在診療室裡的大部分時光，卻是常常沒被談論的領域。其實治療師是很忙，但是忙什麼呢？這種忙碌，會不會像是當年辛苦帶大小孩的母親，但是小孩長大後，卻離得遙遠，讓先前努力裡隱含的等待，變成了某種遺憾的先驅。難道等待，再加上努力，只為了換來人生是一場空的結論嗎？

這可以是很高的境界——人生都是在等待，一場最後是「空」的等待。這種說法有佛禪宗的影子，是種境界，但是愈漂亮的語詞總是愈需要小心，畢竟在可以隨口說出的情況，愈容易有錯覺，以為那是簡單的事，以為只要說得出口，就是容易做到的事。這是語言做為溝通工具和文明手段時，同時存在的侷限，也就是因為有這些錯覺，讓語言反而遮住了實情。

　　例如，當我們說個案在診療室裡「等待」，並不代表個案是要留在診療室裡，而是要再往前走，雖然移情上，個案可能會覺得長留在診療室就是他所要的，但是經過處理，總是可以在每次會談後安心離開，而讓治療隨著時間往前動。個案的來來去去，目標卻是在他方，意味著個案和治療師進行會談的過程，是存在著葛林所說的，第三方的存在，也就是如果治療師的診療室像車站，這是個案在車站等待下一班車的所在。

　　車站的意象是複雜多元的，我無法說所有相關的隱喻，都適合用於比擬診療室裡的等待。談話的過程裡，有個叫做「等待」的語詞，它有它的心理位置。「等待」這兩個字就像心理地圖上的地名，一如地理地圖標示高雄或台北時，仍有很多複雜的內容在地名底下。如果我說，診療室像車站，這個常被用來多方比喻的具體所在，大家都可以明白，我是要說明什麼嗎？

　　治療師待在診療室裡，真的有辦法做到像是車站那

般，只提供必要的路過和等待車子，讓旅客自行決定並購票去他們想去的地方？車站無法也不會過問旅客要往何方，這當然有些難——如果有人說想要去死，是否要介入呢？要有多少能力，才能區分個案說要去死的真實性呢？有人只是說說，如同口頭禪，或者他是真的要去死了？這個實情，馬上就在被喻為是等待往人生下一站的「車站」，在這個所在破功了？

　　這就是人要用語言來說或書寫的侷限吧？這也同時反映著，精神分析說「性」是什麼、「死」是什麼的時候，是有侷限的。我們隨著年紀的增長，對於性心理學和死亡心理學，都有著自己建構出來的內容。但是，如果這些被建構出來的，是來自安靜的、尚缺乏詞彙的兒童，當年的兒童在車站裡來來去去，或者他們就駐居在自己建構的車站裡。外在現實上，駐居在車站的人，被當作是遊民，因為來車站就表示你是要離開，而想留駐在車站的人，可能就是遊民。那麼，當我們後來不自覺地以當年建構的，屬於兒童的性心理和死亡心理學做為車站，又永遠駐居在那裡時，難道我們就是當年心理學的遊民嗎？這意味著沒有屬於自己的地方，而是駐居在大家建構起來的地方。稍有經驗的治療者回想臨床的個案，也許可以輕易地想到有哪些個案就是這樣過日子，他們是心理上的遊民，也就是駐居在當年的某些事件裡，而這些事件像是他們不想離開的車站，每次來治療

只是重述著那些故事，好像當年就是生死之戰。

他們目前無法找出更多的語言，來說明自己在等待的到底是生，還是死？因為整個生活看起來，彷彿人生就是一個車站，雖然想往某個未來走，卻又將未來綁在以前的故事裡。當然，這是需要從以前的故事來了解一些事，而不是空泛的看向未來。

「退行」和「固著」這兩個精神分析術語同時存在，它們描述某些相同的臨床事實，但一個是「退行」，有行動之意，一個是「固著」，有不動之意。這是說，在車站裡駐居，但又有等待之意嗎？

什麼是「等待」？時間不停止腳步，每一瞬間的等待，是為了生或者是為了走向死呢？真有這麼好區分嗎？也許就勵志的話語來說，自然得說，目前的等待，是為了有更美好的未來，但是何以美好的未來，總是要等待才會出現呢？何以目前不是美好的未來呢？後一秒，就是此刻的未來啊！難道只是因為青蛙的童話寫得太真實了，真的會有王子的出現，或者後來不再只是童話而已，而是晉升成了神諭指令的層次，讓等待不再只是單純的等待，而是圍繞著對等待的想像？

例如，紅燈亮起，要等待一下，直到綠燈亮了。這

不是為了紅色和綠色本身的緣故，也不是為了綠色紅色是否隱藏了多少神秘，而是為了不讓自己被車子撞到的權宜措施。這是意識的「現實原則」下的等待，不過先前談論的等待，並不只了這種「現實原則」而已，這些是明確的現實。我提出的這些等待，更像是在某些曖昧不明的領域，嘗試摸索潛意識裡的種種可能性，並假設這些是依循「享樂原則」的方式，影響著人生。

所謂「享樂原則」的方式影響人生，是指在選擇時，是不需要顧及外在現實，而只是以如何避免內心苦痛，做為最重要的目標。雖然一昧避免苦痛的方式，到最後常是陷入另一種痛苦裡，只是後來感受到的痛苦，離原先不自覺地避開的苦痛，兩者之間是寬廣的曖昧；在感受到的表相痛苦，和難以觸及且不被察覺的深沈痛苦之間，由於是失聯的關係，因此目前的苦痛並不會被認為，是和以前只以避開苦痛做為指導方針的後果有所關聯。

如果等待的後果是痛苦的，是很難回到過往的經驗裡去探索、去找原因，而會讓這種無法解決等待問題的挫折，投射到治療師身上，這叫做「移情」。這的確是人性裡很深的一個謎，佛洛伊德發現了並且重複地在不同個案身上，描述它的多變樣貌的某些共通性，讓精神分析取向的後續者，可以如同挖掘寶礦般，不斷從不同的個案群裡發現其它的現象。這個發現和指明的心理地

圖的所在，是足以讓精神分析的後代追隨者取之不盡、用之不竭的寶藏，雖然總得自己親身下場，在診療室裡重複的觀察，並加以描述才會有愈來愈豐富的材料。如同地理地圖上，要描述台北或京都是什麼，愈玩就愈會發現其中的深度和厚度，也會感受到其中的溫度，這也是重複觀察和等待後的收獲。

但是，當我們肚子餓了時，要等待一下，到底要等多久，會讓當年幼小的我們覺得等太久了呢？有標準答案來幫助我們判斷做父母的到底是怎麼了嗎？還值得再想一想的是，為什麼貝克特（S. Beckett）的《等待果陀》（Waiting for Godot），是他獲得諾貝爾文學獎的重要作品呢？在戲中所談的「果陀」是個具體名稱，但也是一個抽象得難以著力的名詞。這個人事物的名詞，被弄得不知那是什麼，曖昧充塞整個劇本，卻還能夠因此得到文學大獎，是因為劇作家描述了什麼是等待，或什麼是果陀嗎？

如果一個母親辛苦帶大小孩，心中有某種難以清楚的期待，讓她一直處在等待裡，但是小孩長大後卻跑得好遠，母親突然感到空洞，因而被社會的共識宣稱說，這是「空巢期」，這個詞語有幫助我們了解是怎麼回事嗎？這位母親算是夠有耐力和耐心了吧，等了那麼久，但是為什麼她已等待，卻分不到等待時預期可以分到的那一杯羹呢？

這是指會忍耐，甚至善於等待，是不必然會得到原本預期要得到的東西嗎？只因那只是她自己的等待？她等待的事，可能難以說出口，她是等待小孩長大後的回饋，但是她曾經教小孩，成功是在遠方，因為從年輕開始，她的眼前一直是挫敗的人生。

　　治療師常說，在等待。什麼是等待呢？等待時，能夠說話嗎？能說什麼、不能說什麼？或者只能默默地，才叫做「等待」？這是人的常情嗎？我們會說，某人一輩子都在等待成功，而有人就是一副等死的模樣，或有人在等永遠找不到也回不來的陽具或乳房，還有人是要找回當年母親給哥哥的雞腿，因此，她只能吃胖自己，這是在等待什麼嗎？或已經心死了，什麼都不再等待和期待了？

　　等待和期待有關係嗎？兩者是相同的嗎？是什麼因子，決定有效或無效的等待呢？「等待」是飛翔在無盡的天空，或在狹小的空洞裡徘徊？

　　在等待的時候，發生了哪些事呢？

　　依據精神分析的經驗，個案會有移情出現，至於移情是什麼內容，會挑起治療師什麼反應，這可就是一種米養百種人了！兩個人不可能會有相同的移情。雖然為

了要嘗試描繪移情，讓後續的人可以參考或反駁，因此會有一些說明，如果說，這些已有的文獻，都只是人性裡的一小環，這也不會是錯的說法。並非不是代表全部的人性就沒有價值，我們藉由不斷的描述，讓我們有更多的想像。更多的描述，是表示了解愈來愈多了，因此能夠再被了解的就少了，是這樣嗎？也許不是，不然佛洛伊德說分析是無止盡的，難道只是一句玩笑話嗎？不是的，佛洛伊德可是說得很認真呢！

我們在等待的時候，可能發生什麼事？例如，最常見的是，我們好像處在某種風暴的中心，個案在說故事時是指向故事中的人事物，那裡有著他們一輩子所受到的苦難，而我們卻常感到有一股隱隱地濃郁的情感，一直往我們這裡衝過來。這種衝擊是一串東西裡頭包含很多感受，可能有焦慮、有憤怒、有不安、有性的氣息、也有死亡的況味，就是所謂的五味雜陳的曖昧吧？

要了解這些絞在一起的「五味雜陳」，不是簡單的事，雖然我們很想規格化、歸納化和簡單化，想要有一些術語來做為統稱，但每個術語在心理地圖上，就只能像地理地圖標示台北或高雄城市名，會有一些特色和偏見，而它們的細節可就不簡單了。簡單地說，我們在等待時，會想到佛洛伊德以降，精神分析家到底怎麼了，竟然要做這種專業職人？我們是如此無辜，個案甚至說著說著，就把我們變成是幫不上忙的人，而且我們還變

成是造成他們問題的主要原因，真是奇怪啊，怎麼會變成這樣子呢？或許可能會有溫尼科特說的「反移情的恨意」，但治療師怎麼會有恨意呢？這怎麼可以，治療師不是要有愛心，怎麼會對個案產生恨意呢？唉，不要大驚小怪啦，恨意有什麼了不起呢，只不過是恨意而已，而且「反移情的恨意」，是指潛意識裡的恨意，並不是我們要表現得很仇視個案的模樣。

有恨意並不是稀奇的事，如果我們相信有這種可能性，也許會好一些，才有機會想像，在交纏的複雜情感裡，個案和治療師雙方是如何相互投射、相互想像？這些恨意是多少內容組合而成的呢？答案是千百種吧？為了方便，我就依自身有限經驗，加上文獻裡常提及的個案狀況來談談。

這些恨意的表面是糾纏在焦慮、不安、歇斯底里和性倒錯，但是慢慢的我們會感受到，這些大都只是像是舞台上跑龍套的角色。也許有人會不同意這個比喻，不過我們何必替這些症狀說項呢，佛洛伊德可是為了描繪它們寫了一輩子呢！這些症狀背後可以歸納出目前幾個常用的詞語，例如「帶著恨意和攻擊的抑鬱」。另外，有些個案會讓我們想說「這個人怎麼這麼自戀呢？」還有不少個案會讓我們經驗著「好壞全然二分」，難以有中間地帶的時候。有些人這種傾向不明顯，有些個案可能在三分鐘內，就讓我們一直告訴自己，這個人是「邊

緣型人格」，意思是「全好全壞」的極端二分。加上前述的空洞感，以死亡的況味充塞著人生，他們會將治療師在不同時候、不同程度地拉進他們活著卻像死著活下去的情境。

好吧，問題就來了，我們知道自己處在這些情境，或有時像是絕境裡，我們能做什麼呢？或者說，我們只能先忍耐，但是忍耐是什麼意思啊？關於忍耐，精神分析談了多少呢？

在我們等待時，因為處境的情況複雜，我們需要忍耐，這好像是最基本的原則。到底忍耐只是一種美德、潔癖或有它的重要性？例如，在精神分析的領域裡，它具有重要位置嗎？或者只是一個打馬虎的說詞，反正當你不知道怎麼辦的時候，我們就說「還是先忍耐吧！」到底要忍到什麼時候啊？我們遇到不少個案這麼說，他們的情緒反應會那麼大，都是因為他們已經忍很久了。雖然治療師在一陣子後就會覺得，情況可能是相反的，事實是他們已經讓周遭的人忍受他們很久了。

我是覺得，面對個案移情裡的五味雜陳，治療師在等待的過程，是需要忍耐的。儘管有複雜的情感反應，卻不知道到底是怎麼回事時，我們要忍耐著。雖然我們

會很想趕快下個結論就算了，至少有個努力的目標，但可能很快就會呈現是無用的結論，例如我們可以有深層的心理學說詞，包括「伊底帕斯情結」。那麼到底我們說「忍耐」時，是指做什麼或不做什麼才是「忍耐」？或一個有趣的命題是，有「精神分析式的忍耐」這種東西嗎？精神分析取向的專業職人的忍耐，有別於一般人的忍耐嗎？

　　這裡所說的「忍耐」和佛洛伊德所說的「節制」，有何異同呢？當年佛洛伊德對於精神分析技術的重大宣示之一，就是「要節制」，尤其是分析師要節制自己想要個案痊癒的欲望。雖然仍有不少人覺得，這是一個很奇怪的節制，也就是要忍下自己一直想要幫忙個案的意思。不過，有相關臨床經驗者是可以體會，佛洛伊德何以當初會提出這個，即使至今在診療室的運作上，仍是值得參考的一項技術指導？雖然仍有不少需要保持彈性的地方，但在指令和彈性之間，原本就是需要依著個案的狀況而動態式的調整。

　　這和忍耐也是類似的吧？是不是有精神分析式獨特的忍耐？我不排除這種可能性，不過這需要針對這個命題，有更多文字的描繪，以後才能從這些文字裡萃取出它的獨特性。甚至我也相信，雖然「分析的態度」是重要的術語，但它包含了什麼，仍有不少值得議論的地方，而「忍耐」勢必也會是「分析的態度」裡的一員，

只是一般的談論裡，當我們使用術語「分析的態度」，雖然在語詞上是接近精神分析，但是不可否認的，在精神分析專業職人間的相互討論時，「忍耐」這語詞仍是常聽到的。這是實情，畢竟我們要消化外來的語詞時，總是會自覺或不自覺地，依我們的語言來比對，做為我們了解和消化，被引進來的外來新語詞，這是語言內化落實的過程。

在我們自己的語言裡，我忘了在何處看過，至少超過二十年以上，卻在腦海裡不時浮現的說法：忍耐的六種層次，「力忍」、「忘忍」、「反忍」、「觀忍」、「喜忍」和「慈忍」。我稍就字面，說明這六種忍耐的分類。

先從最意識層次的「力忍」，這也許有用力出力忍下來，或者有硬吞下來的意思。也許接近佛洛伊德提出的，意識上壓抑（suppression）的心理機制。「忘忍」是除了吞下去的忍耐外，還要忘了它，雖然很多個案來診療室時，大都是處於想忘卻忘不掉的困境，因此，如果有一些心結存在，真要「忘忍」就不是那麼容易了。不過，就想像上，如果真能「力忍」後，又「忘忍」，意味著就真的不再那麼計較的意思吧？這當然不是當事者說了算，得看周遭者是否真的覺得當事者，他不只是克制而忍下來，而是如同忘了般不再那麼計較了？

關於「反忍」，有反思反省之意吧？意味著對於忍

耐之事的產生，不只是吞下去、再忘了，而是在前兩種基礎上，再反思或反省這些忍耐的人和事背後的意涵。也許一般人會覺得，既不是自己的錯又忍下來了，何以需要再反思或反省呢？這是接近精神分析的假設，個案對治療師的移情裡，我們可以說是來自個案，不過在治療過程裡，我們通常會假設，移情也隱含著反移情的交織作用，這使得「反思」是治療師在談論移情和反移情過程裡的一道工序。

前述這些不同的忍耐是有層次的，一層到另一層，後者是在前者的基礎上的。關於「觀忍」，是具有佛禪宗觀照之意吧？就只是觀照，賦予注意力但不介入，有冷眼之意，但是這種冷眼也許不是真的冷，而是淡然，也許值得提醒的是，經過了「力忍」、「忘忍」和「反忍」之後，能夠回頭觀照，而這種觀照由於有再注視之意，本質上是具有情感的關注。但是何以能在有情感的關注後，又能淡然呢？其實這些說法在佛禪宗裡，並不是那麼讓人感到陌生的概念。

「喜忍」，這是更高階的意思吧？從「力忍」到「喜忍」，意味著原本覺得要壓抑，自己硬吞下去的容忍，到後來漸漸能夠讓忍不再是如此費力，而是在反觀後，能夠心中昇起一種喜悅。也許這讓人覺得，會不會是自虐呢？那些讓人覺得需要忍耐的事情，必然是有所對錯，何以不是在對錯上弄清楚，反而是走向這種途徑

呢？我的想法不是如此，而是前述的從「力忍」到「喜忍」的達成，不太可能只是藉由遺忘和壓抑，進而心中對眼前的困局和委屈能夠生出喜悅。

至於「慈忍」，也許是這系列忍耐的最高境界吧！對於讓人需要忍耐的事，卻還能夠展現具有慈悲或仁慈味的忍，這到底是什麼樣的境界？人是可以達到的嗎？是精神分析取向者需要的能耐嗎？如果人可以做到「慈忍」，那是什麼模樣呢？這種忍耐和精神分析者要的節制或中立，是矛盾的嗎？精神分析者需要慈悲或仁慈嗎？常聽說精神分析取向者都是比較冷酷的，面對個案的複雜情況，慈悲或仁慈是否反而礙事呢？

這涉及不同人對於道德和宗教語言的感受，或覺得陳義太高，或平時常會被濫用，讓精神分析者覺得，如果使用這些過於有宗教或道德意味的語詞，會使精神分析被誤解？回到臨床來想像這種處境，當精神分析家葛林在《死亡母親》的案例裡，由於個案的移情，覺得治療師像當年憂鬱的母親，都是心不在焉如死人般，這時治療師進行詮釋，並不會讓個案能夠成長，而是要能同感個案的這種處境。

個案可能很強烈負面看待治療師，而治療師也忍耐一陣子了，治療師要有什麼樣的心理基礎，才能做到在這種強烈負面移情下，仍能夠保持想要了解個案或同感個案，能夠踩進個案的鞋子裡，體會個案的內心深沈狀

態？這些狀況裡沒有慈悲或仁慈的成份嗎？精神分析式的同感，是屬於哪一個層次的忍耐才能達成呢？尤其是精神分析式的同感，並不是如飯店服務員式的說好話的台詞，是否還需要更多的語詞，如深入心理地圖的地名，讓我們可以從很挫折，甚至不耐煩的等待，到有忍耐，然後再走到有同感的能耐？

進一步再問，精神分析式的忍耐，需要這些好像偏向修心養性之類的概念，需要這些不同層次的忍耐嗎？那麼，我們如何從我們的日常語言來了解比昂所說的，分析師要真正了解個案時，需要「沒有欲望和沒有記憶」呢？

當無法詮釋時，我們就要治療師等待，如何等才叫「等待」呢？有哪些有效的等待，或無效的等待？或者無效走到有效之間，有一條曖昧未明的長路？

在等待的時候，我們要想很多事——有佛洛伊德的想法，有克萊因的想法，有比昂的想法，有溫尼科特的想法，有葛林的想法。當然啊，還有更多精神分析者曾表達的論點，或自己的督導曾說過的想法，或更多是來自於自己意識的想法，自然也很可能有更多來自於自己不自覺的想法。在精神分析的工作氛圍裡，就是這些林

林總總構成了我們的假設，也可以說是當我們在等待的時候，需要很多想像。

比昂的「思考理論」裡，說得很有意思，他說，在被個案的投射認同時，變得難以想像，覺得已經沒有出路，不知要如何走下去時，如何可以簡化成要等待或要忍耐？這種不確定性，在等待之外加上忍耐，還是不夠的，因為這無法讓我們了解眼前發生的事。既然不能直說──以為直說就是分析，可能是有誤的。那麼，我們如何來接近所謂的「了解」呢？

如果有人說，人是自由的，不必然要以精神分析所了解的來描述事情，這當然是可以，只是這樣就不再是精神分析式的想法了。既然我們宣稱是精神分析取向，就得接受這個框架，就算我們任意的想像，總得再回到精神分析已有的想法做為參考點，這並不是就硬要凹進精神分析的格子裡，而是需要再以精神分析已有的經驗和概念，做為參考比對，就好像在外頭學了一些東西，再回到家裡和已有的訊息，再相互對話，畢竟，精神分析的後設心理學，是從診療室裡的經驗所萃取出來的重大成就。

那麼在等待的時候，只想這些，是不夠自由嗎？是不夠自由沒錯，但是如果不是精神分析式的想，就不是在進行精神分析嗎？當我們說精神分析取向時，就自然有了框架，不能盲目而自我否認這些框架，所以，不可

能是百分之百的自由。畢竟人要認識這個世界，一定要依循某些想像或準則，而精神分析期待自己有能力事後檢視自己，不是盲目地遵循理論，不是硬要把個案的問題塞進精神分析的理論裡。因此，在等待和忍耐時的想像後，自然要在後來提供某種觀點或者涵容，但不是要讓個案只依我們的理論過日子。

如果有人以別的學派來思考，也說是精神分析式的想，也不能說不對，畢竟沒有人可以完全把握精神分析的內涵，倘若如此，又何必堅持是精神分析式的想呢？這些外在的區分，大概都有井水、河水的不同源頭，互不相犯。雖然我們期待自己有「自由飄浮的注意力」，平均地聆聽個案的故事，或者也有如比昂所說的，為了能夠真正了解個案的期待，需要做到「沒有記憶、沒有欲望」，也就是不受記憶和欲望的影響，而扭曲了個案的樣子。不論如何，我還是得說，在等待時，我們想的內容是以現有的精神分析的理念，如同北極星高掛在夜空，做為我們位置的參考點，讓有想法的等待和忍耐，得以在精神分析取向的認同下，繼續我們的工作。

在等待和忍耐裡的想，除了參考已有的知識，也要思索可能有什麼尚未被說出來。
目前看來，可能有重大影響的因子，常是曖昧不明的。明天過得去嗎？昨天仍不願離去。

我們等待的時候，總是習慣想著，我們還能說些什麼？我相信精神分析取向的同儕們，應大致會同意我這句話——在精神分析的認同下，做著我們能做的事情。但是如果要再細說，說些什麼、什麼時候說，可就要吵翻天了！何必要吵翻天呢？最明顯的事例，英國1940年代，克萊因和安娜佛洛伊德發生劇烈的衝突和爭論，雖然在系列學術和行政議題討論後，最終以和解收場。

如果我們在自己的土地上，複製那些爭議，我不覺得是有意義的事，這不是說不能有爭議和討論，畢竟如果精神分析仍維持著佛洛伊德當年的使命，是要探索潛意識並且由此來了解人的心智和人性，而潛意識領域知識的累積，依佛洛伊德在《有止盡和無止盡的分析》裡說過的，精神分析的後設理論是來自於猜測和臆想，因此當我說我們在等待時，就會有這些歷史事件在醞釀著，不論是否同意那些爭論。如果要在這個專業打轉，自然也得知道這些衝突的歷史和它可能的意義。

我也好奇另一個跟克萊因有關的技術課題。對於個案的負面移情，她是強調要盡早進行深度的詮釋。但是後人依據她的說法去詮釋時，卻常常遭到個案的反擊，變成像是在激怒個案似的，克萊因的跟隨者或反對者都有類似的討論，只是處理的方式有所不同。例如，葛林就強調，除了詮釋之外，有些個案在某些時候，需要的是同感。也有克萊因的跟隨者說，要維持同樣的詮釋技

術，但是治療師的態度要調整，不是個案接受詮釋後，期待他們知道了意義，然後就可以減緩破壞的衝動，反而是期待治療師能保持著，不奢求個案有洞識，然後能改變，而是抱持著只在傳遞治療師知道個案的困局，只是要傳遞這種感受而已。這說來容易，但實情上，若要治療師抱持這種態度，以我們的語言來說，是治療者得要有高深的「境界」才做得到呢！

我想著一個命題：如果克萊因的技術描繪，是貼近她的臨床工作，那麼，何以她的個案所呈現出來的，不是如其它跟隨者常遭遇的情境呢？回到我這系列文字，談論「等待」的課題，背後要想像的主題之一是，克萊因當初說出詮釋之前，在等待時，她做了什麼和想了什麼？這是一個很大的命題，我這麼問，是假設她在等待時一定做了其它的反應，使得她的詮釋未遭遇強大的阻抗，只是那是什麼呢？

我的猜測是，她一定還做了和說了很多，她沒有寫出來的作為或不作為，這些沒有說出來的過程，讓她的技藝可以有成功的機會，卻成為我們後來仔細探究時的曖昧不明。我們只能很遺憾地說，她的焦點不在於描繪詮釋前的作為，這些在當年可能被當作是次要的技術和態度。因此，我們無法認識到，在診療室裡大部分的時間，處於等待的時刻，她是如何忍耐困局和某些不愉快以及她在想些什麼？這是很可惜的！以我的想法，她沒

有說出來的內容，更是寶藏吧！畢竟，那是每次分析治療時，佔最多時間的事情，「等待」。

這讓「等待」變成最曖昧的事情，永遠在等待以為曾經有過的東西，可以具體如陽具或乳房，或抽象的某種真理，它們是否哪天會突然出現，結伴出現或者孤獨而來，蹲在說出來的話語中間，或者站在還沒有說出來的話語後方，跳著難以理解的舞步？那時候，有淚水在眼角流浪嗎？或者，我們能期待有多少收獲，如奶水奔波來到？

等待曖昧或者被曖昧等待？我們只是曖昧要找的對象？也有可能，曖昧總在前方等著我們，但我們總是三心二意或猶豫不決，不知道曖昧裡的愛恨、善惡、好壞，會以什麼樣貌跳出來，是嚇人的或者有溫度的？

「曖昧」是溫尼科特的「過渡空間」嗎？或是需要懸崖勒馬，趕緊回頭的所在？

路過小時候的故事

曾經漂泊的歷史灰塵

拍拍自己的胸脯

宣稱終於找到

落腳的所在

淚水和友誼都是

上世紀有霧的身段

是誰在準備鄉愁的風

想聽兩棵爬藤植物

靠在角落

咀嚼人生的迷茫

苦海

「恨」是「愛」的最原始形式，後來自己開始愛群體（或客體如母親），人的「自戀」就啟動恨意，指向自己，然後「愛」就被趕出家門，開始流浪的日子。只有「恨」一直留在家的原地打轉，「愛」和「恨」就分家了，誰也無法干涉誰——有愛也有恨，變成人的常態。

空洞在這裡，
曖昧在他方殘酷

1.人生多少公斤的苦，才是苦海呢？

就這樣子開始的，是人生，也是浮沈在茫茫大海。

大海的說法，是否太過於牽強？

你來了，你看著我，淡淡的眼神，你的身體來了，但是你的眼神，還留在遙遠的某個地方。好像你只要我看見你的身體來了就好了，其它都是多餘的。這種「淡淡的」可能是個有問題的描述，或者，我只是想以「淡淡的」來擦拭掉，你眼神裡還有某種淡淡的恨意？恨意有淡淡的或濃郁的分別嗎？如何從你的眼神裡，萃取出恨意，那是誰的？

我怎麼可能這麼快就看見你的恨意？我是猶豫的，覺得太快了，畢竟把恨意這麼快搬出來，那接下來呢？難道只是讓恨意流露出來就好了嗎？其實我根本不相信「恨意流出來就好了」的簡單說法。沒關係，這只是一些想法，在我腦裡轉來轉去。是想法在找自己的出路，

我只能等待，還好這時候，你沒有問我，在等什麼？為什麼不給你意見？

　　你只說你的身體受不了，然後就沈默。你這麼說，有了最濃縮的情緒，在沈默裡無邊地擴散，像一片落葉掉在流水裡，我能追著這片落葉嗎？我可能失聯了，沒有跟上你的情緒流動吧？因為你說你的身體受不了時，我竟然莫名地想著，哇，完了，你是不是能夠和我工作啊？我的意思是指，如果你只關切你的身體，就好像你只把我當作醫師，要處理你身體的問題，若是這樣，我會開始懷疑，是否能和你在心理學的領域工作，讓你能夠想一些身體外的事？

　　你真的開始說，你的心臟問題，它會無法控制的跳得太快。你說那是心悸，每次心跳都有四匹馬，往不同方向拉扯，沒有要停下腳步。在我開始擔心，是否那真的是身體問題時，我總不能仍無視身體問題，只一心一意想在心理領域工作。愛恨糾纏的曖昧，生死難分難解的曖昧，心身二元對立的曖昧，除了曖昧，還有其它的出路嗎……

　　天啊，到底要怎樣開始工作呢？你是擺明來挑戰我嗎？你明知我是心理治療者，你卻在幾句開場的重要話語裡，就把視野拉進你的身體，你的心臟。我能怎麼辦呢？我是不是要問一下「你的心臟到底怎麼了」的相關生理學問題？不過何以這個問題，會是個需要思考的問

題？關心一下你的心臟，難道是不應該的事嗎？

在笛卡兒的心身二元化後，再加上精神分析主張要在深度心理學裡工作，這樣我就不該理會你的心臟問題嗎？雖然也可以問，既然這時候不是在做內科的醫療工作，對於是否要問你的心臟狀況，何以需要如此大費周章地想像這些呢？

你說，只要看見你先生，就讓你很不舒服。你說的時候，右手放在心臟的位置，很快又放下來，你並沒有提到是怎樣的不舒服。你沈默時，我想著我是要問你和先生的事情，還是問你不舒服的情況呢？我相信，沒有必然對的方式，各有各的侷限，不過我還是好奇，你的動作和未明說的部分。畢竟先生的事，你既然說了，可能還會有機會再談，而你說不舒服，手放在胸前，我問你是怎麼樣的不舒服呢？你回答得很快。你說，就是不舒服啊！也不知道怎麼說，就是不舒服啊！你這麼說的時候，右手仍是同步地按撫著心臟的胸前，就這樣子，這條不舒服的路好像走進了死巷。你的不知道，也許有著要我知道比你多的意味，要由我來回答，並直接給你答案。不過，這是我從別的經驗裡帶來的想法，我還不確定你對於自己的不知道，會是何種反應？這時你說的不知道，是指針對我問的，不舒服是什麼？或是心思跳到你對先生的感受，有著你不知道的因素？

接著，你跳開這話題，好像這不是重要的，雖然我

覺得這是更困難的話題，不是不重要，只是困難的問題更需要一步一步來，想趕快車也是趕不上，或者是會衝過頭，還不知道怎麼回事？我想著目前是怎麼回事時，你突然蹦出，說你好恨！我嚇一跳，不知何故，對於你說的「我好恨」的受詞，我竟然自動接上「你」，我好恨你！

　　這是太奇怪的想法了！雖然理論上，我的工作模式會期待是，觀察和想像你對我的潛在移情，但這時候無法太快做出有意義的推論。一位看來是如此壓抑的人，竟突然說出「我好恨你」，有必要這麼快就湊上去定格說，你是在恨我？這也太奇怪了吧，我總不能以理論來蓋過此刻的其它可能性吧？

　　曖昧是挑逗或是挑釁呢？要讓你接受人生的困局，是件需要努力的事或是水到渠成的事？或者水和視野總是到達不了那個，總是有人叮嚀你一定要注意的地方和問題？那裡會不會依然只是一個空的舞台，只有你一個人，因此建構不了溝渠，水就抵達不了了？

　　看來我太嚴肅了！你說「我好恨」後，嘴角浮現一絲絲笑意，微揚的嘴角掛著某種負擔，不過你的樣子也在說，反正沒什麼，你是可以撐得住的。但是我的心思還是掛在你說的「我好恨」，這句未完成的話上。我要自由地往前走吧，何必固著在「我好恨」這句話。反正如果很重要，你會再以其它方式來說它，就在我想要再

注意你嘴角的笑意時，你卻突然再說，你好恨你的媽媽，要不是她，你不會是這個樣子。

這是答案了嗎？我是不會就此認定，畢竟還有太多疑問了！「你不會是這個樣子」，這是指什麼呢？你接著說，你媽媽很變態，這麼說時，你嘴角又再度掛出微微的笑意。我是混淆的，清水裡的濁土被攪動起來，你說了些故事，卻將我想要了解的，擠進了窄巷裡。我要追著你說的，「你媽媽很變態」，這句話是多麼吸引人的一句話呢！我能不追著這句話嗎？不然是否就會失去重大的關鍵呢？

我很好奇，你媽媽的變態是指什麼？這一句話變成整個會談至今的亮點，但是它被呈現出來的時候，怎麼不是那麼受苦的模樣？讓我在你說的恨和變態裡，浮浮沈沈，這是有相關的事嗎？是什麼樣的相關，需要爬過多少座辛苦的山頭，才能看見是什麼恨或什麼變態？但是你說得一點也不氣喘。我的好奇心被挑動起來，是要看見重要的事之前的緊張呢！我竟然浮現一個念頭，你會不會覺得，我這種好奇很變態？

我有必要隱藏自己的好奇心嗎？難道好奇心是不必要的，甚至可能有害於你我關係的建立？我馬上提醒自己，好奇心很重要，好奇心是推動這個關係的燃料。哈，我是說服自己了！但是要如何呈現好奇心呢？好奇心是好奇心，需要做些什麼動作或顯現什麼態度，甚至

說什麼話來表示我的好奇心嗎？也許你感受到我正在思考……就在時間快到時，你加問一個問題，你淡淡地問我：知道什麼是苦海嗎？

我愣了一下，你的問題很突兀，好像是在問我，身在苦海裡，我知道自己的處境嗎？你今天說了不少事，但也可以說，只說了一點點，因為大都是在重複著媽媽的事，好像媽媽就是你的全世界，看來是你覺得的苦海吧？我問你，你是指宗教裡常說的，人生是苦海的那種苦海嗎？你想了想，說你不太了解我的說法，你不知道跟宗教有什麼關係，但你覺得這一輩子都在苦海裡。

苦海是什麼意思呢？和現有的心理學語言有什麼關係呢？我被逼得急著要尋找救星，想從自己熟悉的精神分析語言裡，以某個術語來了解或等同於苦海。但是為什麼從你嘴巴說出來時，這一切都是淡淡的，淡而無味的那種，就算你說媽媽很變態，也是一樣的感覺，難道你是一直在打壓它？

你說，你喜歡坐在樹林的外頭，往裡面看，遠遠的看，這是你替今天留下的足跡。

2.你說媽媽很變態，我說下次見

坦白說，我心中還是期待著，你可以談一談上次只流露一些口風的故事。到底你先前提到的，人生苦海和媽媽的變態，它們是什麼關係？這種期待是種干擾，讓

我不再聆聽你眼前的狀態，而沈浸在上一次的困局和好奇裡。是否要回到上次未完的故事？如佛洛伊德描述，坐火車時風景已經過去了，眼前看到的已經不一樣了。不過心中還是忍不住想挑戰一下，也許只是以某個小小疑問浮現出來，例如，人生真的像火車路過的風景嗎？

我想著，你要做的自己，真的是自己要的那個自己嗎？當整個社會強調「做自己」，除了意識型態的因子外，還有生命早年失落經驗的反映，也是在所有焦慮憂鬱裡爬升出來的核心命題。但是最核心的是，你的失去和失落，是可能可以重建成功的心理工程嗎？你可能找到自己嗎？或只能重複的失望呢？尤其是你想像中的自己，就算是以當代共通的語詞來描述它的內容，仍是充滿著挫敗的現實。

你其實沒有管我在想什麼，你說，你先生根本沒有把你放在眼裡，你一直覺得自己只是空氣。我常常聽到有人這麼說，不過我需要做的是，不要太快以先前的經驗，直接套用在你身上。你說，生了一個小孩後，先生就不曾再碰過你。這時，你才抬頭看著我，然後問我，同樣身為女人，我能夠了解你的心情嗎？我是有點措手不及，不知要如何接這個問題？我以為你只是沈浸在自己的故事裡，沒想到你竟然這麼快，就暗暗把箭頭指向我？

何以我會覺得是箭頭呢？你不是如平常般地問，另

一位女人是否能夠了解你？不過，我的感受確是如此，覺得你就是來放冷箭，那麼我要如何處理呢？何況你就一直盯著我看，好像我需要給你一個交待。這是我第二個奇怪想法，何以覺得需要給你一個交待呢？如果只是問題，就是回答或不回答，還需要什麼交待不交待嗎？或許我有被逼迫的感受，才會有我一定要給你一個交待的想法。這是怎麼回事？你只不過是丟出一個問題，問我「身為女人是否能了解你」罷了！

　　不不不，不是這麼單純的，我突然想到了，你的說法是「你身為女人，是否能夠了解？」，從你的口氣聽來，更像是你早就決定了，決定我是無法了解你的人，就算我同樣身為女人！雖然我對於同樣性別，才能了解什麼事的說法，是抱著存疑的態度。不過你是以問號的方式，表達了否決。

　　你在我猶豫的時候說「算了算了，這是我個人的事」。你把自己的問題打包起來了，也許同時有要幫助我解套的意思吧？不過我還無法確定是怎麼回事？你是不要我回答，因為我根本不可能了解你，或者另有其它因素？我說，你覺得我剛剛沒有馬上回應你的問題，你覺得我是無法回答你，你覺得你的問題太複雜了，沒有人能夠了解？你很快就說，不複雜，你覺得我想太多，其實一點也不複雜。你說，其實，你早就找出了解決問題的方式。

我愣住了，心中有個最直接的想法，被我克制地停在舌頭上。我想說的是，如果你已經找出解決問題的方式，那你何必再來找我呢？我知道這種話多說無益，只會惹來爭議，而不是促進思考。但是我相信，這個衝動應該也有其它意涵吧？也許反映著你是如何運用我……看來你是隱隱傳遞著，我是派不上用場的人。對你來說，活下來後，還要生活，你的生活卻反而比生存還難熬；曾經拼命為了生存而活下來，卻不知道如何在日常生活裡慢慢活著，這是你人生的曖昧。不過，這是很難說明清楚的，不只是表面說的，你不把我看在眼裡，而是更複雜的——在苦海裡，你只能自己承受，無暇顧及他人了。

　　不過，我這麼想的基礎還很單薄，因為我只是印象深刻地記得你曾說過一次，關於活在苦海裡的事。我甚至忘記，你是如何說的，我只記得你說到人生的苦海。而你這時說，你早就找到解決問題的方式了，這卻讓我想到「苦海」這件事。我還在自己的想法裡來回穿梭，做為想要了解你的方式。你說，你很難相信我能夠了解你，稍停頓，你接著說，你的先生早就不要你了，雖然你們仍然住在一起，幾乎不太說話了……是你獨自把小孩子帶大，稍停頓，你說早就不相信別人了。

　　我說，看來你說的別人，也包括我。也許我說太快了，你很快回應說，是啊，就是這樣子啊。也許大家會

好奇，她為何如此回應？她是直接回答啊，但我何以覺得自己可能說得太快了？是的，我是這種感覺，就算她如此反應，乍看起來是直接回應我，但是我之所以覺得說得太早，原因有兩個，一是，在我說出的瞬間，我就這麼覺得了；二是，她回應她早就不再相信別人了，這裡的別人也許包括我，我是在她眼前，當她在我面前說「別人」這語詞時，似乎把我帶出了診療室外，我變成了診療室外的其他人，因此她的回應好像是回應我，但不全是針對我的說法而來。

我無意窮追不捨，尤其是目前我的工作正在開啟，以建立對話的平台為最優先，而不是馬上要解決什麼問題。雖然這需要承擔一些可能的代價，例如，你可能會覺得我不夠積極。在你說了「早就不再相信別人」時，我聽起來卻是覺得，你既然來了，就算你說你不相信天下所有人，我還是相信，你出現在診療室是有很重要的意義，「你來了」的這個行為裡，應該還有其它動機。

在我們的時間快到的時候，你再說，你媽媽真的很變態。就在你這麼說時，我也只能說，時間到了。通常我不會說「下次見」之類的話，只說「時間到了」。但是這次我竟然說了「下次見」，也許這反映著，我還是很好奇，你說的媽媽變態是指什麼？或者其實我是不自覺地存在著疑問：是否你下次就不見了呢？因此，我除了說「時間到了」外，再加上平時少說的，「下次見」，

是在回應你說的，你早就不再相信別人了。何以我不自覺地認為，只要我說「下次見」，那麼就算你多麼不相信別人，這句「下次見」，仍可能是具有暗示作用；要個案被我暗示下次仍要來？而我宣稱自己是「精神分析取向」的治療者呢！

在你離開後，我才想起你先前曾說過的，樹林或森林的事，或者說，當我看見你離去時的背景，我是看著一片森林......

3.喉嚨怪怪的，到底有多怪？

你來了。

我不確定是否是因為我後來幾次會談結尾，除了說「時間到了」，還說了「下次見」。後來的幾次，我是更加明確覺得，你的態度是呈現著隱隱的威脅，那是沒有說出來的話。如果我再沒有讓你覺得，我是有可能了解你，或許你就會走掉了。在這種隱微的氣氛裡，走著難以形容的步伐，甚至無法說是前進或後退呢！我雖說是隱微，心中卻是很大的波動，是個疑問捲成巨浪般的心情澎湃。我這麼說，你大概很難知道，我是在說什麼吧？只因為我這些描繪，離要說清楚眼前有什麼事正在發生，還有很多的空間待發展呢！

你說，好像有東西塞住了你的食道，尤其是談到往事時，就覺得有什麼東西哽在喉嚨裡。沈默了一會兒，

你說，你擔心喉嚨裡是不是長了什麼壞東西？然後你再順口說，我一定會覺得你想太多了。因為曖昧，我不全然聽懂你的話，一如你不懂我的話語。但都是要生存下去，我左思右想，如何活下去的理論和話語。生存是只要活下去，但生活要活著，日常的活著有自己的尊嚴、品味和風格。你自己完成了和我的對話，我是不需要說話回應，但我卻需要存在，或許只要保持沈默就可以。

我花太多時間想著自己的想法了，可能因此忽略了你此刻的真實感受。當你提到喉嚨的事時，我的確只想著，你是否有什麼難言之隱呢？好像這才是我的真正工作，其它的，我都是說不上話。我這麼想是某種開拓或是侷限？甚至不只是侷限，而是一種主動的限制，讓其它可能性反而受到了阻礙。這是什麼意思呢？我正在細想時，你說，「你不會懂得，我的身體不舒服帶來的痛苦，這種痛苦跟朋友說時，朋友通常都說，你想太多了。」你堅持說，怎可能會想太多呢？你根本不知道是怎麼回事啊！

我記得，你曾一度很介意自己是不是想太多，才會造成目前的問題？那時候，我並未回答你的問題，因為那時並不覺得，你是要問我什麼。那是你內心的聲音，是你嘴巴說了出來，要給你自己聽的，並不是要我直接地回應什麼。一個受苦，卻值得想的問題，當你一度說自己想太多時，「想太多」的說法本身，是如何成為一

種干擾呢？

　　我不認為，一個人說出自己想太多時，就真的是想太多。但這是無法相互辯駁的，畢竟是否覺得想太多，都是個人的內心戲，我根本無法看得見。甚至當你說自己想太多時，朋友也順著你的話這麼說，像是在同意你的說法，但何以他們在同意後，你卻開始有不一樣的想法，反過來認為自己並沒有想太多？

　　你說，你不知道為什麼喉嚨總是怪怪的？從你的說法來看，你口中的怪怪的，仍不足以讓你覺得可以形容清楚你喉嚨的感受。「怪怪的」，這三個字底下，你覺得應該還有其它的什麼，雖然「怪怪的」是最早浮現在心中的話。看來這三個字並沒有讓你滿意，你不覺得這三個字就是問題的最終答案，它甚至不是線索，而是眾多的內部爭議之一，是偶爾從內在爭論的房間裡，蹦出來比較大聲的三個字。

　　常常就是停留在以「怪怪的」為名，而難以在這三個字底下再看見其它更細的分類，但我卻是需要持續再深掘的人，不可能期待你、希望你可以自己看到，不容易如此。這種很早就有了命名，卻常常等於什麼都沒說的情況，我需要做些什麼、說些什麼？不過，也許更重要的是，就算什麼都沒說，只說了「怪怪的」，還是對狀況不明有了名稱，很多地方有很多感覺，雖然不知道那是什麼？畢竟，還沒有名字，更是可怕的處境。當你

說喉嚨怪怪的時候，我初步想到，你可能另有其它難言的地方，是這些卡住你的喉嚨。

你說的顯然不只如此。你說，你的喉嚨問題已經很久了，看過幾位醫師，卻都找不到原因，甚至有的醫師說，你是太擔心了，說你根本沒病。當時，你是高興了一下子，覺得自己的喉嚨沒有問題，但是不到一分鐘，你就覺得那位醫師只是在安慰你罷了。你仍然放心不下，不知到底怎麼回事，如果真的沒有問題，為什麼喉嚨就是怪怪的？你強調的是「就是」，而不是怪怪的，像是一件你心意已決的事情，你決定「就是有問題」，只是先以怪怪的，來稱呼你認定的問題。

那麼，到底你這麼決定時，是不是一場悲劇呢？如果在這裡我把悲劇定義為，不是天意如此，而是你自己的心智所帶來的問題，他人在你的問題成因裡，只是湊巧路過般，撞見了你的問題。或就像只是路過，擦撞到你的肩膀，讓你的背包差點掉下來。至於為什麼我會想到你的情況和悲劇的關係呢？我想，有部分因素是來自你宣稱可以打敗所有檢查儀器，你說它們都測不出你真正的問題。

你提到家時，我想的卻是你的家鄉只是近黃昏的感受？某種死亡的況味，不是立即的腐朽，是一直發酵著，這些腐朽如何挽回或暫停呢？你的空虛沒有名稱，是慢慢轉勢的所在，失落的過去，是焦慮造成不平靜，

是否平靜下來就焦慮減少了？但是失落呢？你要的餘生是什麼呢？

奇怪的事吧？我竟然一直在等待著，要看見你說的森林。

4.勝利者，證明了自己的身體真的有病？

好吧，既然你都說你的喉嚨打敗了醫療儀器，那我能說什麼呢？你微揚的嘴角，好像在說這是一場不可輕易輸去的人生競賽，那麼你是要贏得什麼呢？或者你並沒有要贏，是如其他人曾說過的，不是想贏，只是不想輸？不過這些語詞的轉換，是否只是口舌之辯而已？畢竟呈現隨時可以打敗儀器、任意否定檢查的數據，能如此有效能的人，如果這裡頭沒有要和人生有個輸贏的成分，是很難說得過去的。也許對於「輸」或「贏」這兩個字，在深度心理學裡，需要再有不同於目前生活表面所定義的意義。

你說，不知道為什麼，昨天想到要來這裡會談時，就開始不安起來，腦海裡重複地浮現著，你不能告訴我，你是多麼失望，然後你就沈默，好像要讓你的失望，在沈默裡根深地落實，長在這裡。我問你失望什麼？當我說出口，我馬上就後悔了，突然覺得這是不可能有什麼答案的問題。不過你的反應卻出乎我意料之外，你回說「就是對你失望啊！」

這是不是很奇怪啊，當你說，你的失望是對著我時，我心裡怎麼反而覺得，對啊，就是這樣子啦。這不是很奇怪嗎？難道我這麼自虐？我的工作是穿透你表面的焦慮和衝突，慢慢抵達後方的空曠地帶，那裡有著荒涼和曖昧，愛恨之間的曖昧，那是你心裡荒涼地帶的曖昧。我和你的關係裡，只是在等待你對我的失望，就算這是理論的需要，也是很奇怪的事吧？不過，我是這麼感覺就是了。

　　這意味著我常說的，當有意料之外的感受時，就表示我是不了解你的。我在這種不了解你的情況裡，憑什麼還敢宣稱，我是你的治療師呢？你說你對我的失望，是因為覺得我不可能體會得到，你的喉嚨到胃，是如何和你過不去，如何讓你受苦。這是我轉述的說法，你說的比較簡單卻是有力，你說的大致是這樣：「你只是坐在那裡，想著我是怎麼回事，我卻要自己扛著無力的心情，你想，這麼無力了，怎麼還聽得懂你在說什麼？」天啊，再想一次，我還是冷汗直流，可以想見何以我轉述的和你說的，在意義上有交錯，卻是不全然相同的經驗？

　　這是你要打敗我嗎？或者要不要打敗的命題，只是我自己的想法，對你來說，你只是要閃避那些不知道如何形容的不安，甚至不只是不安而是恐懼？是「恐懼」這兩個字可以形容的情境嗎？是誰在恐懼呢？要恐懼的

對象和內容是什麼呢？你說，如果人生可以重來，你一定要先學會說話，而不是先大哭。我問，那麼你想對我說什麼呢？你很謹慎地想著我的問題，不過沈默了一會兒後，你卻說：「哈，騙你的，不要那麼認真嘛！怎麼可能會在哭之前，先會說話呢？」我想著，嬰孩時是不可能，但是長大後卻是有可能的啊。但這是現在要討論的奇怪問題嗎？這是常識吧，不是嗎？

不要以為我已經有定論了，其實並沒有，我只是有了這個想法，甚至覺得這個疑問有趣，讓我有機會再重新了解你。照表面的說法，當你提到身體的問題時，儀器和數據的解讀被你否定、被你打敗，卻也是你受苦的開始。如果你的身體在你的人生裡，扮演某種角色，你擔心，它是個對你不利的角色。

你在沈默後突然說，你喜歡坐在森林外頭，往森林裡頭看，就只是這樣，你並沒有想，一定要站起來走進去，看你自己在什麼地方。你的身體是一座森林嗎？你邀請了各式儀器檢查，來一起探究身體森林裡的世界。但看來你是堅持，森林依然是森林，不會因為儀器的數據而有所動搖。只因為你堅持，最困難也是最容易的決定，你的身體一定有問題，它隨時要找你的麻煩。不過這是我的說法，你大概不太覺得，自己的身體在找你的麻煩，而是覺得你的身體，可能被不知名或知名的嚴重疾病給佔據，然後身體可能崩壞，而讓你無法有可以依

靠的所在。

對你來說，森林或家鄉只是近黃昏的感受？對家鄉的感受方式，如何影響著診療室裡，你對待和想像自己的空洞感呢？只是記憶的課題嗎？或更涉及想像和創意的課題——何以你的空洞感和空虛感變成了會吞沒自己的所在？讓所有衝突和矛盾，不斷地掙扎，一種不死心的掙扎。

在這種情況下，何以你常說的是，一定還有什麼問題，是體檢的儀器無法測出來的，只是如果這樣子，又何以需要重複地做各式檢查，難道只為了要讓自己有機會，可以否定這些機器裡跑出來的數據？並且經由重複再重複的否定，而得到什麼肯定嗎？如果最後的肯定是自己的身體一定有問題，這種肯定是什麼意思呢？如果得到最後的肯定，是一種勝利，這種勝利讓自己獲得什麼呢？

勝利者是證明了自己的身體真的有病，而且是可以剝奪走生命的疾病？這是什麼樣的勝利呢？或者對於人生的勝利感，在潛意識世界裡，需要再重新的定義？勝利者不會一無所獲，但是獲得的是什麼呢？

5.「苦海」的語詞裡，漂浮著多少心意呢？

你說，你是苦海，我問是身處苦海？你說不是，你就是苦海。

我想著，你數度說過的森林，難道是苦海裡的森林或是森林裡的苦海？你重複的話題裡，是你對於身體的擔心，所謂擔心，是指你擔心自己的身體，是否會有難治或不治的疾病。你說的森林或苦海，和這些擔心有什麼關係嗎？我記得你說過，你最喜歡坐在樹林的外頭，看向樹林，你沒有興趣走進樹林裡，是指你不想要真的好好探索你這些擔心嗎？或你不想探索身體器官是怎麼回事？何以它們三不五時就出現一些輕微的症候？例如，心跳突然加速，但是你覺得自己並沒有想到什麼不舒服的事啊，就這樣，身體器官不時地干擾你。

　　你說，心跳到喉嚨裡了，讓你嚇得趕緊打電話給友人，但電話接通後，心跳就跑回自己的位置，害你不知如何跟友人說，為什麼你打這通電話？因為你不想讓友人覺得，自己只是在庸人自擾。友人最常說的就是「不要管它啦！」，不相信心臟真的願意從嘴巴裡跳出來。這句話很搞笑，當你這麼說時，你還大笑說，怎麼可能心臟會想要跳出它的位置呢？不過你的笑聲裡，卻更像在恫嚇自己。我一時之間還無法了解，為什麼我覺得你的笑聲裡，有恫嚇自己的意思？也許這只是我一時的片段感覺，並不是那麼明顯，因此我就陷在要替這種感覺找個主人、找個名稱來描述它的情緒裡，我暫時稱呼它是「你在恫嚇自己」，但它的真正意思是什麼呢？

　　你說，你不急了，我卻老是聽成相反的意思，是你

在催促我，要急一些。我記得我曾一度不自覺地跟著你著急，好像要這樣子，你才會覺得我是跟你一起合作。不過後來我發現，當我跟著你的節奏，去詮釋你的身體症狀和周遭生活壓力的關係時，卻發現你大都是不理會，或者反彈說，我根本不了解你，或你曾說了一句，我憑什麼把你私密的想法說出來？這讓你變得無地自容，你說你不想自己的私事讓別人知道。

後來我才漸漸知道，你這些說法裡，隱含著一些有趣的現象，例如，明明是只有你和我在場的診療室，你卻說你不想讓自己的私事，讓別人知道，這裡的別人是指誰呢？也許包括我之外，還有其他人？你心中很多人在場，而你以「別人」來稱呼。我不是說鬼怪之類的想法，而是在你的心中，當你對我說自己的故事時，好像另有別人，在監看和監聽著你說的故事。因此，當你說的是私人的事，我聽了之後再加工說出來時，這是詮釋，是我的主要工作內容，但對你來說，就變成了公開的知識了。你只願告訴我，你的私密事，但你不願我再加工成「詮釋」，對你來說，這樣就變成會有別人聽到的，公開或公共知識了，是這樣子嗎？

我想到，也許是你內心的小劇場裡，平時上演著給自己看的戲碼，當你要把你的悲劇讓我看時，就是初步把私密戲碼半公開了，但把一場悲劇公開化是什麼意思呢？是如同在劇場演出一部別人的劇碼嗎？這需要回到

你的曖昧裡，愛恨裡的曖昧，這種曖昧是處於某種荒涼，失落後的荒涼裡，助長了你的愛恨以曖昧模樣現身。我的想法是，當你認定愛和恨以明確模樣現身時，可能忽略了你情感的複雜性，讓愛承擔了過重的負荷，也輕忽了恨所具有的潛在力量。

更常見的是，你在說自己以前的故事時，讓我覺得你是在談著遙遠的另一個人的故事，而不是你的故事。因此你說故事時，是更像把私密的故事，變成是別人故事的公開化，變成你和我之間公共的知識，只是這種公共知識是另一個人的故事，至少在心理的反應上像是這樣子。

從你的反應來看，你對於自己的故事和身體的種種擔心，雖然有你我之間公共化知識的意涵，但也有侷限的心理範圍。當我試圖連結你所說的故事和你的身體，同時述說其它意義時，我的說話雖然在精神分析假定的「詮釋」範圍裡，但從你的反應來看，倒是讓我擴展了視野，因為你讓我體會了，我的說話本身有更細緻的可能性。例如，當我說的話，試著指出更多的想像空間，但你是傾向把我的話語變成了，不只是你我之間的公共知識，而是另有其他人也在場的公共知識，這是一個有趣的心理轉折。

這是你說的森林或苦海的比喻，所擴展延伸出去的想像嗎？這森林裡和苦海中，是具有某種擴散力。也許

是我的想像擴大了，因此我最好保留一下，仔細聽聽你的說法，再來做更多的猜測。我從你的反應裡確知，屬於自己的戲到別人的戲之間的光譜，是有很寬廣的可能性。如果在某些情況下，我說的話有可能變成苦海裡的芸芸眾生都聽得到的共同心聲，那麼我的話語就不再只是原本想像的，只在你我之間的心理，而是被擴散成芸芸眾生的公共知識了。但是這對你來說，好像是過早的話語，讓你更想要躲起來，或藉由反擊我的說法來淡化這種感受。

　　你說，你不想讓你的身體問題，被當作是心理問題。

　　也許心理問題的語詞本身，就是一片苦海，不是我們專業職人以為的，只是一些專業用語而已。真正的感受是苦海，在苦海漂浮著很多字、很多詞，隨手撿起來的用語，比我原先想的，還有更多不知道的心理意涵。

6.你的身體，像小學時的惡霸，遠遠盯著你

　　你說，自從有記憶以來，你都是受苦的，你很難知道快樂是什麼。還好你沒問我，要怎樣才能快樂，好像你沒這麼問，就是對我的莫大恩惠，只因為這個問題實在太難回答了。其實人類自古以來，早就有可以讓人快樂的方法，如當年的鴉片或現在各式讓人快樂的藥物，有什麼事情比得上一顆藥丸，能這麼方便就得到快樂？

只是這類型藥物最後都會被歸類在禁藥就是了。

你說，當你知道你的身體，尤其是喉嚨和胃，開始出現問題後，你就知道你這輩子不可能快樂了。我想，至少到目前為止，你說過的檢查和內科醫師都說，你沒有病啊！我當然知道，不可能藉由我來說服你，我才不跟檢查的儀器競爭呢！但你接著說，你不知道為什麼，這輩子就是很難快樂。我也愣了一下，你說是身體有狀況後，才覺得人生無法再有快樂了。怎麼不過是幾句話之間，就像轉個身，你又說你不知道，為什麼這輩子很難快樂。到底哪一個才是你真正的心聲呢？我就從兩者都是你心聲的方向，來猜測到底是怎麼回事。

若以心理的方向來談論受苦和快樂——當你以疑問打敗檢查身體的儀器時，你的勝利感讓你獲得了什麼？就結果來看，你是勝利者卻一無所獲，這是從「現實原則」來判斷，但果真如此嗎？是否能假設，你一定有從他方得到勝利感的收獲？好吧，就先保留這問題吧……

你說，不知道為什麼，就是快樂不起來，你記不得是不是發生過什麼事，才會讓你變得很難快樂？這需要回到曖昧裡，愛與恨在你的心裡從小就盤根錯節，直到你認出它們前，它們早就存在了。由於盤根錯節，你一心一意，想要在生活裡，找出愛和恨。但是當你想說愛恨交織時，可能更是愛恨盤根錯節，難分難解的意思，而不是假設裡頭愛恨分明的交纏。

難道你的說法是在挑戰記憶的課題？我如果朝向讓你可以找出什麼事件的記憶，你就可以再找回快樂嗎？人生找回快樂是用這種方式嗎？能不能快樂，不是就在一瞬間嗎？或許你的疑惑還是有些道理，你說記不起來發生了什麼事，我則是難以確定是否找回那些記憶，就能使你快樂起來？甚至是否「忘記了」，才是最佳的方式，反而可以使你快樂或使你不會那麼不快樂？不過，既然你提到，人生如苦海，倒是讓我想像一些理論上的課題，我還不知道這些聯想會有什麼用處，但就先不管用處吧。

　　從screen memory出發，這是螢幕記憶或屏障記憶，或是我們想像中的，腦海裡島嶼般的記憶。以腦海來比喻，是個有趣的說法，若要以海洋和島嶼關係來想像，總是需要島嶼做為日常生息的所在，那裡是記憶累積，也是記憶散失的所在。如果累積有它的意義，而散失也有它的意義，何以人無法一一記得所有的事情呢？如果人類發展有這種可能性，何以不是如此發展？是否因為人有了情感，尤其是苦痛的情感，而這種情感的起源是什麼呢？在島嶼的記憶裡，或在海洋裡有記憶嗎？如果以linking來想像，好像船隻在島嶼間航行和交易，交易了什麼呢？只有物品的以物易物嗎？是否另有其它的記憶和情感，一如海底沈船上的東西？

　　如果記得的內容是如同散置的不同島嶼，而遺忘的

內容也是散置的島嶼，只是它們是以影子的方式存在，
這是個好的比喻嗎？以影子儲存記憶的島嶼，一如我們
常說的，陰陽裡的陰。這些影子一定是一般說的陰影
嗎？陰影是有負面情緒的意義，是否有那種不是陰影的
影子記憶？

　　你說，如果重新來過，你會想要記得曾經發生過的
所有事情，只是我的臨床經驗讓我覺得，你這個期望本
身所隱含的，不是記不記得的問題，而是要記住一切的
欲望本身，是否就是個可怕的欲望？這個期待也許很天
真，卻隱含著以天真的欲望來吞沒自己的模樣。我這麼
想也許沒什麼道理，但是否正是因為這些想法乍看沒什
麼道理，它卻在這種時刻浮現了光，這樣子就很難說它
完全沒有價值。

　　你說，你的身體像小學時常欺侮同學的那個惡霸，
在遠遠的牆角，盯著你。

7.記憶之島間的再度連結和交流交易

　　我要記得或忘記呢？關於你前次臨走前說的，你的
身體像是小時候某位惡霸遠遠盯著你看。我會記得的原
因之一，是我那時候正看著你，難道我是你遇過的當年
的惡霸？我知道這個聯想的比喻是很粗糙的對比，不過
這只是我工作方式的小小起步而已。

　　你說，近來心臟會突然痛起來，你曾半夜去急診，

但是檢查都正常。你很懷疑這些檢查，如果都正常，為什麼會突然心痛起來呢？你的疑問像一陣輕風，你隨口說，你不記得在你心痛的時候，你的先生是什麼反應？但你記得，你女兒是一副沒什麼事的模樣，覺得是你小題大作。這讓你很生氣，你甚至氣得心跳快到好像要死掉一樣，你說那不是心痛，而是要死掉的感覺。

我想著，何以你很介意心痛的事，而讓你覺得心跳得快要死掉的感覺，反而不是那麼重要？不那麼害怕會死掉的事，是因為你知道，不會真的死掉？但是心痛卻是如此明顯，是這樣嗎？需要回到曖昧裡，你為了有清楚分明的愛恨，因此意識上將一些行為歸類在愛或恨，然後對於一些以愛為名，結果卻是充滿恨意，或者明明有著恨意，你卻又捨不得它，把這種捨不得歸類為愛。我不認為這是問得出的答案，因此我仍只是放在心中。

至於你說的，不記得先生的反應，倒是讓我印象深刻，何以你特別提及這點？但你也就只是帶過一個話題並未再多談，我請你談談你是要表達什麼，你好像沒聽到我的話，你再說著心痛帶來的痛苦，也說你覺得醫師一定遺漏了什麼，不然怎會那麼快做結論，說你的心痛並不是心臟問題？有心痛，卻不是心臟問題，有這種事嗎？你還反問我，是不是這樣？我未回應，你繼續談論其它話題，你是有你的方向要走，無論我有沒有回應。

不過我仍保持著好奇，在記得和不記得的不同島嶼

之間，習慣地將不記得的再度想起來，然而再想起一個島嶼上的人事物，在臨床實作的預期效用可能有限。例如，你不記得先生對你心痛的反應，如果我追問你，後來你想起來了，這是什麼意思呢？依佛洛伊德的說法，對於潛意識變成意識，就是指把缺失的記憶再度記起來嗎？誰能確定捕捉回來多少後，才是補足了原本欠缺的記憶呢？

就臨床來說，更大的命題在於，記憶的回復或部分回復，對問題的解決或症狀的痊癒，真有那麼密切的關係嗎？

你說，你先生不會理會你，不論你的身體多麼不舒服。捕捉這些記憶回來，能夠減少不舒服嗎？我會這麼想的原因是，如果你不滿意，先生不理會你的不舒服，那麼，捕捉這些記憶回來，是要讓你以「不再不舒服」為標的？但是那些散掉走出的記憶，如果再找回的是不愉快的經驗，你真的會是舒服的嗎？或許你抱怨先生的重點在於，你不被理會，而不是你的身體不舒服？

這是值得再觀察的命題，至少我從你的身上，還不敢做出什麼重大的決定，來說服自己，一定是怎麼樣。我大都在等待，但等待什麼呢？等待，做為任何技術的潛在基礎，任何說和做，都是在等待，但是等待什麼呢？等待你走進符合我心目中精神分析理論的範圍，然後很高興地發現，我終於可以用熟悉的理論，來看這位

你了嗎？

　　你說，你根本不記得，先前醫師曾要你多想一下，為什麼身體檢查數據是正常，但你卻仍擔心有病？你說多年來，你想到的器官，都曾被你懷疑過是否有病？停了一下子，你說當時並不覺得是否有病，而是你覺得如果有病，為什麼儀器一直檢測不出你的問題？你一直想跟醫師說，你一點也不想有病。你這句話喚起了我的潛在想法，我不會像內科醫師那樣，要證明你是沒病，我是相反的做法，我要證明你是有心理的潛在課題。這是問題嗎？說真的，當我在猶豫時，我是在閃躲一組難以開口的話語——你根本就只是要考驗儀器，甚至以打敗這些儀器為樂！不過，若說出這些想法，對你一定是傷害，只會讓你增加誤解罷了。

　　我到底是要牽連什麼呢？等一下，我要再想一下，為什麼我的腦海會浮現「牽連」這兩個字？也許是在回應，最近常思索「linking」這個字的多重意義吧？以前譯為「連結」，但是，是否譯為「牽連」會更生動呢？

　　如果某些記憶的島嶼，封閉自己不和其它島嶼交流，它仍然只是一個孤島，例如，你的器官是同類的，都被歸在身體之下，或者，不同器官之間如同孤立的島嶼，它們都一直有話要說？因此我的立場是什麼呢？要說明器官做為島嶼裡的豐富意義，或者更重要的，它們之間如何相互牽連呢？我突然喜歡上「牽連」這兩個字

呢！只因為突然覺得「牽連」這兩個字，在你的問題和困局裡，是很好的字眼，可以用來串起一些想法。

我的想法是，記憶島嶼或不同器官島嶼之間，相互linking是重要的行動，它的困難和豐富，一如海洋和船的豐富和內涵。探索海洋或探索linking，將linking譯為「連結」或海中航行，將會有不同的想像，成為這些概念的總合。人和人之間，每個人的記憶島嶼之間，再度連結，交流或交易，都是充滿了陌生美感和冒險，這就是「牽連」這兩個字，我覺得很有意思的緣由吧！如果在其它情境是否也如此，我倒是無法確定了。

你說，你早就忘記了，當初你花了多少力氣，要讓先生知道，你是多麼心痛。

8. 圍堵策略裡的冷戰思維，意味著什麼呢？

你說，你心痛已經很久了。每當內科醫師說，你的心臟很健康時，只會讓你的心痛變得更難以捉摸，好像覺得自己隨時會死去。這是曖昧吧，不想死，但也不想活。你的生活是在曖昧狀態，除了生不如死，或不想死但也不想活，或不想活著而有著各種矛盾做恨意的對象，變得好像是為恨意而活下去。活著，有著想活著或者不想活著兩種意味，這些是你的曖昧嗎？

我想著，你用難以捉摸，來形容自己的心痛，倒是很貼切的描繪。對於我們覺得難以捉摸的情況或感受，

我們能做的是什麼？我先前認為我們所做的，是在處理這種難以捉摸的感受，但真的有用嗎？也許有用，才會變成一般接受的說法，只是如果這樣，何以問題也依然存在呢？需要在有用的感受裡，更細膩的分層次或分門別類嗎？

你說，明明就是心很痛，也很失望，怎麼都被當作是故意找別人麻煩呢？

細細想著你這句話裡的四個要素，一是心痛，二是失望，三是覺得被誤解，四是被誤解的內容。這些被說是故意找別人麻煩，如果可以一一來看，或許會有不同牽連的生命經驗。當這四個要素被說出來時，像是一輛四匹馬拉的馬車吧？四匹馬一起往前走，其中可能另有你最想要表達的方向，不論是哪一個，它卻被另外三個因子給一起綁住或被圍堵住了。

既然想到這點了，我就再進一步推衍。當你說著每項要素都是重要的，我卻覺得其中有可能是隱藏著某項對你最重要的要素。如果前述例子的四項要素，都是各自獨立的因子，各有它的未來命運，你這麼說時，如同前述的，構成了圍堵的功能，讓你在抱怨心痛時，好像另有其它重要感受被擋在某處。

你再說你很失望，明明就是這麼痛，卻被當作是故意找麻煩。你這次的說法是以「失望」在前，我無法確定在這時候，何者才是你最想表達的心情，不過我倒是

從圍堵想到了比昂說的「container」的概念，這是冷戰概念下的圍堵做法，或者在軍事戰略上是戰區與平民生活之間的非戰區，中間有一個地帶做為緩衝區域，這個緩衝地帶也是container的概念。當我們談到「container」這個詞時，大都傾向採用它有包容或涵容某些原始材料，而能夠被消化的意思，不過這只是此詞的功能之一，它也有圍堵的意思，一如在冷戰時期圍堵共產主義的做法。

你說的這句話裡，是有要消化什麼的意思嗎？或者只是以這些感受，來圍堵其中你最在意的情感？比昂的用法裡，也有藉由思考來消化的意涵，但在臨床上，通常是難以消化，只能先把那些經驗圈在某個地方，也就是圍堵在某些地方，一如前述例子，有可能是圍堵在表面看來是一般需要的其它內容裡。

你說，你對那些醫師很失望，他們根本不想多聽你說話，但是你又說，後來也知道他們是只照顧身體，沒有必要多聽你說家裡的事情。我說，你是想告訴我，我是否有興趣聽你說家裡的事情？你馬上否認說，你剛剛所說的，和我完全無關，你不會批評我。精神分析不是要冷漠，也不是要過度熱心到淹沒對方。這中間有多少的景色呢？人和人之間相處有「溫度」嗎？這個曖昧的語詞——「溫度」，它無時無刻不在人和人之間，卻是一直被避言不談的某種狀態。

我不確定，你對我的期待是否跟你說的完全無關？不過我也無意變成是逼你接受這種說法，但也不能忽略這種說法，這是我專業裡的重要假設，這個假設是要嘗試溝通，在表面說詞下，是否另有其它的想法？不過對於你的說法，我會想，你是否在圍堵某些想法和感受，不讓它們被思考和溝通？佛洛伊德會說這是有阻抗在運作。我重新想像古老的精神分析語詞之一，「阻抗」，如果從不同角度來思索的話，例如圍堵，這裡的圍堵在歷史上，是有當年圍堵共產主義的冷戰思維。

　　我特別標示冷戰時期的意涵，並非說這是這個語詞的唯一意義，而是在冷戰思維下的圍堵，沒有要溝通的意思，是以鐵幕的象徵，將共產主義和其它世界隔開。也許這是一般人在處理困局時，常使用的方法之一，一如當年的菁英們想出圍堵的冷戰策略。我相信有不少人在媒體上，常看見如下的說法：用對話取代對抗，用交流取代圍堵，先求同存異，透過交流取得彼此的理解、了解、諒解與和解。

　　這是什麼意思呢？這和精神分析取向的處理策略有關係嗎？

9. 憑什麼說檢查數據沒問題，就不會痛呢？

　　你說，你去看醫師那麼多次了，難道醫師不了解，你是多麼不舒服才會這麼做的嗎？你說你平常不會想去

麻煩別人，都是忍到極點的時候，才會尋求幫忙。但是每次醫師只看了檢查報告，就說你的身體沒有問題，你只能失望離開，覺得這個世界沒有人可以了解你。

我先是很自然地依著自己專業職人的身份說，你是想告訴我，你覺得我無法了解你，你來跟我談只是浪費時間，讓你東奔西跑卻沒有功用？你很快就說，不覺得是這樣子，你強調剛剛說的話跟我無關。

我想著一個老掉牙的說法，「你在阻抗」，不願再細想我提出的種種可能性。我覺得我只是提出某種可能，不是說你一定那樣子，不過，我說這是老掉牙的做法，並不是要否定「阻抗」的概念，而是當浮現「你有阻抗」的概念時，只是陷在僵局，其實我需要用更細緻的話語，來形容這個現象。

如果你要圍堵我，讓我的存在和你的故事是被隔開的，這可能是為了要保護些什麼嗎？如同冷戰時期採取圍堵策略，是要阻止共產主義的擴散，雖然事後來看，可能不是最好的方法，但是也不能推翻圍堵所帶來的效用。我做為專業職人當然不是要評判或者嘉許這些，而是懷著某種不滿足，想要有更多的假設，走向人性或心理的宇宙。

光只是聽你重複提及的失望，或者沒有說出口卻帶有失望的口氣，我很難完全知道，你的失望是來自於心裡深遠的哪個地方和經驗？你的種種感覺，依附在目前

對人和事的失望，而我服膺的理論和臨床經驗，早就告訴我，不能視而不見其它的可能性，不能只依著你的視野，放在你說的這些人事物上面。你要打造的曖昧，不會完全脫離日常的概念，我不會跟你辯論「失望是否會污染愛」的命題，而是先相信這些不同命題的存在，都有它們的必要性。你的說法隱藏著某種曖昧，都有著要讓自己的說法被我看見、被我聽見，但同時帶著謙虛內斂的態度。

目前的人事物是如此具體，如何跟以前的經驗有連結呢？為什麼要讓兩種不同時空的經驗來連結？為什麼要做這些經驗的連結？只因為我的理論說它們是有關係的，它們是失聯已久的親戚或是多年前的鄰居。佛洛伊德延續來自催眠術的遺跡，也強調記憶的補足，或從潛意識變成意識的重要性。但是這些重要性，跟你會了解自己、你是否會好起來、你會減少不愉快，甚至會讓你增加多少快樂等，有多少預期的功能？它跟治療的期待有多少關係？

如果眼前和當年的某些經驗，是不同的記憶之島，以島來比喻時，意味著是在大海中的島嶼，就還是先藉用海中之島來做聯想好了，也許你不會全然接受這個比喻和它的後續聯想，不過我還是把這想法在心中先跑過一次吧！試想，做為專業職人，面對你的不同經驗，這些經驗如同海中散佈的島嶼，當我們服膺佛洛伊德「補

足記憶」的概念，這是指在島嶼之間填充記憶嗎？以海中島嶼的模式來想像，這是可能的嗎？或仍得回到臨床經驗來做判斷，這是可能的嗎？我的有限經驗，只能說，這是很困難到幾乎不可能。雖然在臨床上是可見，只是填補進一些記憶，就可以看見個案的某些改變，但是在跟你的治療經驗裡，我還是保留。

那麼以島嶼之間的比喻，來想像目前和早年的經驗之間的連結時，我們做為專業職人要做的是什麼呢？你覺得自己缺乏安全感，好像只是在重複證明著，自己是不重要的；這些想法之間的關係，雖然仍是曖昧不明，但你卻說得理所當然。臨床過程，當我宣稱執行基本的技藝——「詮釋」，意圖要建構以前和目前的經驗之間的關聯時，常是假設你目前問題是當年問題留下來的餘緒，這是隱含著前因後果的意思，但果真是這麼單純的因果關係嗎？我曾在不少文章重複提出對這點的質疑。

關於醫師只憑著檢查報告就決定你的身體是沒病，你覺得是醫師不想要了解你心痛的原因，這是延續前述的想法，要讓過去和現在之間，建立起一些關聯，也包括你的身體和檢查報告之間的關聯。雖然檢查報告裡，數據和影像都是宣稱你的身體是好好的，但你和那些檢查報告之間linking或交流對話，顯然充滿了矛盾，彷彿兩個島開始交流後，想要建立對話關係，卻是困難重重。如果這樣子，你和古老的經驗交流後，會出現什麼樣的

結果呢？是否只是重複你和檢查報告之間交流的情況？我無意說兩者之間的連結一定會如此，只是當我這麼想時，在我的感受裡有兩個島嶼浮現，一個是我對你的問題的推想，另一個是你對檢查報告的態度，這兩個島嶼可能根本不相干，卻在我此時的想像裡，被我連了起來，這個連結讓我做了推論──是否你會重複的問題，是拒絕相信在另一個島嶼上所看見的真實，一如真實的數據和影響是你最排斥的？

如果我依原先佛洛伊德假設的，「補足記憶」是精神分析的重要任務之一，對你來說，這樣的工作是需要時間，讓你可以認真看待那些數據和影像之島的真正意義，或者這種交流是不可能立下這樣的期待？因為你的心痛所代表的苦痛，另有其它的意思？

你說，你太失望了，你不相信這個世界有人可以了解你的痛苦。

10.在不同記憶島嶼之間串門子，會發生什麼事呢？

你說，你一點也不會緊張！你跟先生爭執，因為他說你只是沒事找事做，喜歡找人麻煩，一副是別人欠你的樣子。你說，當先生這麼說時，你一點也不緊張。我納悶著，這跟緊張有什麼關係呢？如果說到情緒，不是跟生氣比較有關聯嗎？我差點要質問你，不過還是先克

制下來。

　　我想，你告訴我，你不緊張了，其實是要告訴我其它訊息，最容易想像的是，我認為你只是在防衛，不要讓你的生氣流露出來，或許也反映著，你對於緊張和生氣之間，不自覺選擇了，以不緊張的方式來流露你潛在的緊張？我納悶著，你所談的話題和緊張到底有什麼關聯性呢？好像它們是風馬牛不相干，卻又被聚在一起變成了有關係。

　　你說，先生還說你只是在學你媽媽，想要人家的關心。你這麼說時，才顯得有生氣的口吻，但你依然說，你一點也不緊張。我好奇問你，你強調不會緊張，是擔心緊張時會流露你的生氣嗎？你說不是，你才不要像母親那樣，整天就是惶惶不安，就是怕父親不再回來，你說，你早就不擔心、不害怕也不緊張了。

　　我的印象若沒錯，當你說，你覺得醫師根本就無法了解你的心痛時，你總是連帶談起母親，對於母親的不滿。你說母親是無能的女人，你從來就看不起她，爸爸會離開家，就是因為她沒有能力留住父親。我突然聞到某種死亡般的氣息，是指父親的離開，在她和母親之間，切開了巨大的鴻溝。因為一個人的離開，而讓留下來的人之間也產生了巨大的裂痕——這是個值得思索的現象。

　　我想到佛洛伊德的書寫志業裡，也有一個值得思索

的現象；佛洛伊德從父親死後開始了自我分析，這讓《夢的解析》得以誕生，但是相對於他對焦慮和歇斯底里等的探索和想像，他對於「失落的哀傷和苦痛」，卻只說這是精神分析了解有限的場域。這是怎麼回事？他可不是一個隨便的人，他是個鬥志堅強的人，他跟口腔癌苦戰了十幾年，但是否他也如他的狗那般，在聞到苦痛及癌細胞破壞的味道後，會自然地避開，那是他如狗的嗅覺般敏感的領域。

當你把「心痛」這件事，集中在責怪內科醫師不了解你時，你所說的其它生活故事，為什麼捲不進你心痛的關係呢？這是心身兩者的對撞。看來是需要在兩者之間，拉出一個地帶，讓我們來想想這是怎麼回事？如果精神分析不想退怯，我想要堅持自己的立論，不過，看來是需要一個曖昧，可以產生情愫的地帶，讓心身之間展現新的對話。雖然你提到的這些故事，它們之間就只是被你在不同時候說出來，但它們之間真的沒有牽連的關係嗎？

從另一角度來說，你生活上實質的困局，大都來自於你和他人互動所帶來的問題，這些互動方式和你對父母的方式，也有一些隱線般的牽連。只是你大都把焦點放在你的心痛，好像這是一個重要的指標。

你說，父親不在後，你就被淹沒在母親永無止盡的抱怨裡，你覺得你只能不斷掙扎，露出頭，呼吸空氣，

不然你早就不在了。我想著這些故事互有牽連吧？你說，你對父親的思念，從來沒有停止過。

我想著，故事都是你在這裡說的，那麼何以這些故事和心痛之間，無法在這裡被串連起來，想想到底它們之間是否有什麼關係呢？我知道這是難題，這些故事就是在大海裡各自的孤島，而你浮浮沈沈在不同島嶼之間，遊走在不同島嶼上，想著不同島嶼的故事，每到了另一個島嶼，就和前一個島嶼故事斷裂了，我想著這是怎麼回事？

你是如同比昂所說的，在不同記憶島嶼之間串門子，但目前看來，只要你離開某個島嶼後，就把故事留在那裡，你一會兒談父親，一會兒談母親，一會兒談心痛和醫師，但是這些故事之間卻無法建立起關係。

甚至連它們之間相互對話都沒有，是缺乏交流的孤島，但果真如此嗎？不會有如小鳥在這個島嶼吃了果實後，待牠飛到另一島嶼時，牠的排泄物裡的小種子，在另一個島嶼上生長出新物種嗎？如果存在這種可能，那麼是否我太急切了，想要把這種偶發的可能性，當作可以如預期般必然會發生的事？一如期待你可以從你說出來的所有故事裡，相互牽連，讓某些思考的種子在另一個地方生長出來？我想，這是像比昂所說的，linking的島嶼故事版吧？不過這些想法在目前看來，都還很難運用在你的問題上。

11.你的心痛，只是在遮掩什麼，是這樣子嗎？

你說，母親雖然一直糾纏著父親，怕父親走掉，但父親還是走掉了。我想著，你似乎忘記父親也離開你了啊，不過這是個太殘酷的想法，不適合在目前這麼對你說，因為你仍覺得父親只離開母親。也許你另有其它方法，讓自己完全忽略掉這個殘酷的事實，將父親的出走只侷限在他是針對母親。

父親在或不在的疑問，本身就是一個圍籬，圈住了某些複雜難解的課題，它們藉由這個疑問來探出頭，像是等待有心人，可以發現圍籬裡面，還有很多素材等著被看見、被命名，等待有了名稱後，才可能走出來，讓別人認識。真有這種要被他人認識的需要嗎？

我想著，比昂所說的「container」，可能隱含著三種特質：性、坦克非戰區和消化。我需要說明一下，首先是比昂在戰爭期間，他在坦克部隊服務，炮火之下的戰車裡是一層保護。而非戰區，包括冷戰時期以圍堵的策略來防堵共產主義的擴散。至於消化，是取自胃腸道的用語，也是我們的日常用語，用來描述對於某些想法的消化，是指多想一下的意思。這是「container」這個詞的三種可能意涵。

你可能會感到奇怪，我想這些要做什麼呢？我是在想像，你忽略了父親，他不只是離開母親，也離開你，

但是從你的反應來看，你一直覺得父親只是離開母親，是有什麼樣的心理機制，才會讓你如此反應呢？如果使用前述的三種可能性一起來想像，是否你對於母親的不滿情緒本身，就是充當了如同坦克般的保衛功能，保護了你免於被父親離開你的現實所打垮？所謂「現實」，是怎麼形成的呢？由此創造出的某些物體，可以讓你感到興奮滿足。目前對於失落創傷的殘酷現象仍是難解，但這對精神分析者來說，並無損於想在這種曖昧難解裡尋找可能的心理因素。

還沒有說出來的話，或還沒有浮現可以找到語言做為著落的地方，那裡就一定比較原始嗎？或如目前一般想像的，如果那些內容是和創傷有關，通常是假設它們就像是在被虐待的意念裡，粘附著充滿著哀怨和恨意，只等待哪一天找到對象和通路，來表現出當年的哀怨和恨意。不過這種想法是否需要保留呢？尤其是在après-coup的概念表達出更貼近臨床現象的是，當年的經驗受著後來經驗的影響，也就是後來的經驗常是解讀先前經驗的重要基礎。

我這麼想是更遠離你的困局了吧？你說，你看著先生愈來愈覺得自己不可思議，何以會想要他了解你有多麼心痛呢？因為你覺得自己的心痛，是不可能有任何人可以了解的！

你大概不會覺得，自己的話語裡有多少矛盾吧？對

你來說，了解自己有多矛盾，或許不是重要的事情，要讓所有複雜感受都呈現出來才是重點。雖然我這麼說，只是表示對你的情況有著無奈和難解，因為明明你的心痛和擔心身體有惡疾，可能和你周遭人物有關係，但這種關係卻是多麼難以被你知道和接受。就算我們專業職人一直談著心與身的關係，但這是什麼樣的關係呢？

我這個疑問可不是隨便順口說說，我剛剛發現，當我說心和身的關係，以你為例，你的心痛，早就被命定是你身體的苦痛，既然無法被現有的科學儀器檢測出問題，就表示你身體的問題是具有心理學的意義嗎？所謂心和身的關係，是指什麼呢？難道只是如前所說，因為檢查不出生理的病源，所以它就是有心理學的意義？如果是這樣，心和身的關係很快就會被窄化成，你的心痛是由於你和周遭人物的衝突或迷戀的所在，而這些關係唯有以心痛，做為最佳且最有效的表述方式。

我早就知道，這些想法以及其中被勾勒出來的心和身的關係，大概是你最難接受的說法，雖然我可以說，這是你的阻抗，是你拒絕讓自己，去經驗和想像自己的心痛，是如何和先生，或和從前的某些重要人物有關係，你只能以心痛來表達，一切都難以挽回、難以被了解。但這種推論可能忽略了另一個重要的方向，也就是你想要傳達的心意和想法是什麼？

雖然你是有說話，只是你的焦點在心痛或身體病症

的擔心，「痛和擔心」就成了你生命的重要課題，而你重複地跟我談這些，不會只是要表達，你是阻抗被我知道你的真正心思和想法。一般來說，我們很容易相信，個案說的某些話可能是另有所指，而你的心痛只是在遮掩什麼嗎？何以用心痛來表達呢？

如果我主張，你說的話另有它意，是在表達其它的意思，我憑什麼這麼主張呢？

你說，你很難相信別人，尤其是當你處在有求於人的情境時，你似乎相信那時就會有人想要利用你。但我突然有種被攻擊的感覺，難道你覺得我只是在利用你，那麼我是在利用你做什麼呢？

12.就是想大叫大哭，但被心跳堵在嘴巴了

你說，你並不在乎！然後就停頓下來。我問你是指什麼？我問的可以包括「在乎」或「不在乎」的內容，或者「不在乎」是什麼意思呢？

我無意強迫式地將「不在乎」這個詞，簡化成「在乎」的另一邊，因為我在猜想的，還包括主詞是誰呢？也就是，誰在乎或不在乎？雖然你說了，是你不在乎！另外，不在乎或在乎的受詞是什麼，也是重點。雖然我早就對在乎或不在乎的爭議，保持著高度的警戒，不想要跳進二極化的選擇裡。只要浮現在乎或不在乎的疑問，並要做出選擇哪一邊時，基本的情況就是「很在

乎」，我甚至加上「很」這個加強的助詞，讓這種「在乎」能夠在周遭生起一陣風，足以吹出你的心情。

你說，媽媽最喜歡說，她活成這樣子，早就什麼都不在乎了。你說，你不曾真的聽懂這是什麼意思？一個人如果早上起床，第一句話就抱怨父親，但他又沒有回家，這跟在不在乎有什麼關係呢？你說，你只聽到沒有力氣的女人坐在床沿，想著遙遠的人。父親，像是活在遙遠深山裡的男人。回家時，父親總有一堆故事要說，你說，父親帶回來的故事，是要來交換一些力氣，你很喜歡給父親力氣，讓他可以再走出去，再回來說些你聽不懂的人生。但是你知道，你這麼做，只是讓母親更加痛恨你，覺得和你真的已經說不上話了。

你一直聽到母親的開罵和指責，相對於父親帶回來的故事，你早就做出了選擇。這是你始終說不出口的選擇，你相信自己從來沒有真的說出口過，但你至今依然不解，為什麼母親會說出那麼尖銳的話，說你就是只想著父親，根本不管她的死活。你不知自己做錯了什麼，也不知道當你在兩三歲時，要顧母親的死活，是什麼意思呢？什麼是死，什麼是活，你說你只記得，每次母親這麼說時，你的心跳得剛好把嘴巴堵住了，不然，你正要大叫大哭，你不知道為什麼，就是想大叫大哭，但被心跳堵在嘴巴，你不敢叫，怕會壓碎你的心，你就讓心跳一直在嘴巴裡動著，表示你還活著。

你的描述令我驚訝，雖然很難百分之百確信，你說的故事有多少真實性。慶幸的是，我雖然有好奇和疑惑，但這項「找尋是否為真實」的任務，並非是我的專業的期待。你說的當年的故事，我是在蛛絲馬跡裡想像和推演，你是否有想要告訴我，其它難以說出口的話？那些話在你的嘴巴裡，在你的心思裡，或者以細緻隱微的方式，散佈在你說話時的肌理紋路裡。但是我無從知道，那些起伏的心情是什麼意思？那條臉部的肌紋，好像丟出一些心情不好卻說不出口的訊息，但這卻是我需要不斷地觀察和思索，並化成我的想法和文字的過程。不過，我在想像的以及形成可以說出口的話語，這些過程，到底離你有多遠呢？也許不是所有人都會了解，為什麼我有這個疑問？

　　你很難真正觸及失望感所帶來的苦痛，你想解決問題或症狀時，被你意識到要解決的內容，可能不見得是真正的問題。因此有什麼事情感到矛盾時，不必然是在真正的問題上有所矛盾，這些矛盾是某種曖昧，讓你把持著某種興奮刺激感。

　　你說你不知道，為什麼母親知道你站在父親那一邊，因為你根本不想讓母親知道的啊！每次想到這件事，你就心跳得很快，快到要把你的嘴巴堵住，你不知道你會說出什麼？

13.好吧,為什麼要談「餓鬼」這個意象呢?

　　你說,你受的苦不是任何人可以了解。

　　太多人說過相同的話了。如果想像成每個人說相同的話,卻可能有不同的意思,那你是什麼意思呢?我還真想直接問你,但只要開口問,就扁平化了這個說法的深度意涵了。所謂「深度」是指什麼呢?我相信我一直重複在問自己這句話。你說母親像個餓鬼般,一直渴望要抓住父親。但你又說你從來不了解,抓住父親是什麼意思呢?難道是要把父親吞下肚才算數嗎?你突然沈默了。當你形容吞下肚時,你的口氣是並沒有完全說完這句話的樣子。淚水倒是往肚裡吞,不再只是對著自己,而是對著你口中,不想碰面的那些他人。眼淚是生下來就有的創造物,讓眼淚一直流,意味著重複著早年的那些失落嗎?雖然我們可能會覺得,有某種情感被遺忘,或者某種情感被你拋棄了,因而沒有察覺到自己有難過的情感。

　　在希臘神話裡,巨人族的父親將小孩都吞進肚子,這樣子,就不會有兒子在未來作怪了。巨人是永遠的父親,這個永遠,最後還是超過巨人的打算,「人算終究不如天算」,可以這麼說嗎?最後,巨人肚裡的小孩還是出來了,打敗了父親。不過我想,你說母親像餓鬼,不像希臘神話的故事,並非這個神話故事是談父親的緣

故，而是餓鬼的模樣。依照傳說，這種餓鬼的模樣，肚子很大，肚子裡空空的，一直處於飢餓狀態，隨時需要吃東西，但牠的脖子很細長，嘴巴裡都是火，因此食物只要放進嘴巴就馬上被火化掉了，根本沒機會讓食物從喉嚨進到胃裡，讓胃感到飽足。

你說，你不相信我能夠了解，這是常聽到你說的話，只是放在餓鬼課題的脈絡來想像的話，你的意思可能是說，就算我了解你那些「了解」和「被了解」，永遠是不夠的。雖然還沒有走到那個所在，但是你早就知道並預言你需要的，比我能夠提供的還要更多。這是一種不能夠滿足的預言，或者是早就設定預期，你不可能從我這裡得到你要的。也就是，並不是比較級的課題，不是比較「能」或「不能」了解你，更像是我根本不可能了解你的意思，雖然你仍然會規律地來找我。

因此我有個大膽的想法，雖然我這麼推論的來源，是你在我面前的模樣。你像是個餓鬼，無法滿足於我給你的，就算我傾全力協助你，但是結果會是一樣的，都是讓你覺得不夠，這種不夠的感覺，讓我覺得你像個餓鬼，但是我不會用這種方式說，你讓我有這種感覺。所以你可能是什麼？如果我這麼說，大概會變成我是在判斷或評價你，而不是從你的材料找出一些訊息，來溝通和探索它的潛在意義。

這些想法和感受，是來自於你提到母親像餓鬼。你

是觀察到母親對父親的態度，而形成這種感受，但我這位專業職人，卻是某種程度以不近人情的方式，腦海依著這行業被教導的技術，想著你是在呈現如同餓鬼的模樣嗎？不過，也許我需要先想像和觀察的是，你是否覺得我像個餓鬼？只在意要多了解你，而不是真心想要幫忙你？

我的治療取向甚至對於是否是在幫忙你，這「幫忙」兩字可能都需要再想想是否貼切，或許那不是我的治療取向需要的作為和態度。我無法否認仍是有這種期待，也就是我期待自己做到治療師的角色，可能會讓你覺得，我是個餓鬼，我所做的只是要填飽自己做為一位好治療師的飢渴。

還是再回到「你的苦和失落是什麼」的課題。不是直線式的說，失落導致苦，而是中間還加進了什麼，讓苦會出現？但是需要失落做為引子。這種失落和苦，會讓人變成像餓鬼嗎？你形容母親，無法完全掌握父親而失落和受苦，這些情況讓你覺得母親是餓鬼，這意象就是這樣子成形的嗎？或者這種推論太粗糙了？真正的難題就在於，意識上看來愈粗糙的推論，卻可能是愈有力量的潛在因子，暗暗決定著這些感受和想像？

好吧，為什麼要談「餓鬼」這個意象呢？用這來比喻人性裡的某些跡象是指什麼呢？它是吃什麼呢？吃苦而且是不嫌多少的苦？或那隻餓的獸只要吃溫暖、善意

和建議，而且永遠不嫌多？不過，也不能說是不嫌多，而是根本不曾吞得下任何東西。那麼餓鬼是靠什麼活下去？如果它始終吞不下任何東西，或有些東西可以被它吞下去，例如吃苦，但是幸福、溫暖和建議，都是在嘴巴就被火化掉了？

把這些想像拉回到你我的所在，是指你或我像個餓鬼嗎？或者你我之間有一隻餓鬼，如果都是餓鬼，那麼它們之間在交易什麼呢？有誰能夠阻擋它們交易呢？它們交易的原則，和潛意識裡的享樂原則，兩者是相同的嗎？或它們另有其它的交易守則和方式？相對於面對恐怖的景象，你的挫折是較容易處理的感受。甚至恐怖和挫折的外圍，會被曖昧包圍著，有著愛、也有著恨，但是愛和恨都依依稀稀的，都是某種妄身未明的稱呼，說愛、說恨，都是勉強的說詞。

那麼，到底幹嘛要順著你的想法，談起關於餓鬼的想像呢？

14.你的故事，只是別人早就經驗過的故事？

你說，你不想讓朋友知道你的事情，雖然我的印象裡，你跟不少你以為是朋友的人說了自己的故事，但後來又因其它的事而鬧翻了，變成不再是朋友。我無法拿這些不同印象來跟你對質，讓你知道你說的和事實有所落差。

我需要先說明一下，為什麼我不想以對質，來處理你這種明顯的矛盾？畢竟愈明顯的矛盾卻不被知覺時，意味著這是更被分離的兩個領域的事情，只是意識上會覺得它們是相對立，而構成矛盾的感覺。你說，你覺得自己只需要解決「為什麼突然有恐慌的感覺」，很多人問你是怎麼回事，你根本沒有答案，它就是會莫名的發作，讓你陷在整個世界如空洞般，快要把你吞沒！

　　你告訴朋友你的恐慌經驗，你無法忍受他們說你只是無中生有，說你根本是自尋煩惱！連心臟科的醫師都說，你的心臟沒問題，好像你一再找麻煩，硬要別人說你的心臟有問題。

　　據我的了解，佛洛伊德的論點，大都集中在想像和推論矛盾裡的深度心理學，但我是想著你的矛盾心情，其實是有個空洞般的情境做為背景或基礎，是某種空洞之後，才會衍生出來的矛盾，而不是矛盾在先，空洞在後。無法解決矛盾的背後，常是以不斷的疑惑出場，你內在心理世界的曖昧，容易因此化約成擁護者之間的矛盾，然後你呈現出來的，就是在矛盾裡打轉，而矛盾的心情本身，就是一道厚牆。想要解決心理深層的矛盾，更像是說這裡有著曖昧，但是你不想要曖昧，你想要愛恨分明的矛盾。

　　我無意說，一定有著空洞感和矛盾的先後順序，但就自己多年來的經驗，我希望打開空洞感這種常見卻被

扁平化，以為只要塞滿更多成就感，就不會再空洞的說法。或許這是缺乏深度的心理思索，我甚至假設，如果缺乏深度的思索，就會缺乏人和人之間的溫度。雖然對於什麼是溫度，仍是待了解的事，畢竟我無意讓溫度也扁平化成表面的關心，雖然我的工作取向，對於人和人之間是否需要相互關心，仍有不同的解讀。

我再提出一個想法。你一直覺得朋友無法了解你，你說過，你難以忍受朋友聽到你的故事時，就急著要安慰你，好像他們早就知道你的情況，他們早就知道別人也有相同的故事，他們要將那些故事搬到你身上。這段話是我重新整理後的說法，並不是你完整地這麼說。你隱微地批評你的朋友，把你的故事當作是別人已經有的相同的故事版本，好像你的故事早就不再只是你個人的故事和經驗，而是別人早就經驗過了的故事。你的朋友大致依著這種感覺，很快地以為找到你問題的原因，而且早就有一套社會流通的想法，可以說明和解決你的故事和苦澀。

你是多麼不願意你的個人經驗，一下子變成早就有的固定範本，你也曾重複地要求我，要儘快告訴你問題所在，你想要儘快解決問題。看來你是逐漸在改變中，雖然我這麼說時，你認為的核心問題，恐慌、心跳快到要死掉的抱怨都依然存在，但是你已減少提出來了。不過，我還是很好奇，對於朋友簡化你的問題，你所抱持

的想法還有什麼？因為一方面你需要趕緊解決問題，但同時卻又覺得難以接受，你的問題被化約成如同他人的問題，好像你只是教科書裡的某個案例。這也反映著你的矛盾，既希望跟別人的問題是一樣的，可以從別人解決問題的模式，運用到你身上；但同時又覺得自己的問題如此複雜難解，怎麼可能曾有相同的例子呢？

你說，你的心根本就是在找你的麻煩，跳那麼快，好像在找死⋯⋯

15.我要將你的私人知識，藉由「詮釋」轉型成公共知識

你說，你真的很煩！你的朋友又跟你說，你只要不管它就好了。你帶著玩笑卻苦澀地說，難道你朋友是要你不要心跳了嗎？這是詛咒嗎？你雖是使用了「嗎」，但口氣上卻覺得朋友真的是在詛咒你。你的心跳的確快到讓你就處在快要死掉的害怕裡，但幾次發作後，你又莫名地覺得自己是死不掉的人。

那麼，你有多麼希望了解，你的問題和別人的問題有多少共通性呢？也就是，你的問題是你獨有的問題，別人的問題都跟你的有所不同，或就算是有相同的地方，你的問題也是比別人的更嚴重和更難處理？

你說，你不相信我可以幫上你的忙。雖然不久前你才問過我，我是否曾經治療過和你相同的人？你的意思是我有這種經驗時，你才能相信我可以幫上你的忙。我

並未直接回答你的問題，而是嘗試了解你的心情，你是否仍不確定要開始談自己的問題？你未置可否，後來你不曾再直接問我這個問題。目前看來，我不確定我的說法只是讓你把心中的疑問壓下來，或那已經變得不重要了？

　　我假設，你說著自己的兩件事，一是私人知識，二是公共知識。也許你覺得這未免扯太遠了！不過，就先別急，我還不會跟你談論這個話題，這是我心中需要想像和思索的，這樣才能讓我在你的談話裡，找到自己的方向。我是希望，當我想像這些話題的時候，不會讓你覺得我是很遙遠，只沈浸在自己的想像裡。那麼，如何將你的心跳快，從私人知識跳到公共知識？這是不是跳得太快了呢？不過我還是先說明一些想法，來回應你說的。

　　如果你堅持你的問題是很獨特的，當我嘗試要說出這些問題的潛在意義時，意味著我是要把你的私人經驗轉型成私人意義和知識，這是極細緻的個人化或客製化的觀點。但是，不能否認的，我也嘗試要把指出來的意義，有著適用於其他人的可能性。

　　例如，我想著，你的期待裡充滿著自戀的氣息時，所引發的想像是有獨特的個人意義，這就是自戀的展現嗎？我不全然如此想，不過以這種可能性為例，當我浮現「自戀」這用語時，依目前的理論，就不再只是個人

的語詞了，而是一個公共化的術語，就算大家各有自己的私人化定義，但不可否認的是，它是有公共化知識的意涵。私人化與公共化兩者知識背後的曖昧，是在於自覺自己是廢人者，有著失落後的空洞場景。你可能需要某種能夠保持著動力的曖昧，我還不知，是不是所有曖昧出現的場合，都帶有微微興奮的動力？

你想被治療好，那樣可以讓自己的經驗變成對別人有幫助的案例，你說，這是你曾有過想法，讓你個人的私人知識可能成為幫助他人的公共知識。不過我想要思索的，倒不是你這種說法，你的說法帶有「利他」的特質，經驗上對於這種說法，總得再三思索和討論，才能了解這種「利他」態度的多元意義。

我先集中思索診療室裡，你我共同存在的這件事，以及當中私人知識和公共知識的意義。

診療室裡，當你說著私密的故事時，就像流露著你對自己的私人知識的好奇，而我加進自己的聯想，進行技術上被稱為「詮釋」的行動。例如，你說母親根本是瘋了，每天只活在想知道「父親在哪裡」這件事裡。我說，你是害怕你會很在意我的想法，覺得一定要完全知道我說的話時，你才會心安。我的回應當然不是什麼標準範例，只是在某種情境下的隨想，嚴謹來說，也可以被當作是一種詮釋。從另一角度來說，是想把你的私人知識，轉型成診療室裡的公共知識，這種轉型不再只是

故事的重複述說，而是加進了我的假設、推論和理論，讓你的私人知識變成了加料的知識。這裡的「公共」，只是泛指你我之間的公共領域，這種知識對你造成什麼衝擊嗎？尤其是針對你的受苦和空洞感。我意圖形成的公共知識，希望能夠成為我們交談的語言平台，這會讓你的私人知識產生什麼變化嗎？

　　我更想了解的是，當我需要將你的私人知識，藉由詮釋，轉型成公共知識，這件事對你來說，是什麼意思呢？尤其是你一再以恐慌做為訴求，而做為診斷的「心跳快，快得要死了」，這種說法是要溝通什麼？畢竟私人知識是很難談論成「了解」或「不了解」，唯有成為你我之間可以溝通的公共知識，才有達成「了解」的可能性，只因任何了解他人都是雙向的，不是這樣嗎？

16.心跳快得讓你相信，這是死亡，另一種死亡

　　你說，你的心跳，帶你跳進了暗黑世界，幾乎要死掉的樣子。你曾幾度相信，那就是死亡，你不曾真的死過，不過你相信，那是死亡，不是心跳停下來的那種，而是心跳快得讓你相信，這是死亡，另一種死亡。你用了相同的字眼——死亡，但它要你我睜開眼睛，看向不同的世界。

　　我想起了喜歡的電影導演柏格曼說的，「我所有的決定，都是憑直覺做出的。不過，我必須知道我為何做

了這個決定。我把一支長矛射入了黑暗。那是直覺。然後，我必須派遣整支軍隊，到黑暗中去找到那柄長矛。那是智能。」（取自「風格葉子」臉書）我不確定在黑暗中尋找長矛就是智能，我是因此好奇，「心跳快」是一種決定嗎？這不是意識上的決定，但是你的心跳快卻是傳達著，你覺得另有某些意義。你曾問過，是不是心臟有問題？後來你就很少問了，你談著「心跳快」所引發的種種故事。你直覺地做出決定，然後出發去找出「心跳快」的那柄，走進死亡幽暗裡的長矛。

　　我嘗試找出你恐慌和心跳快的心理意義時，我提出來的說法是，在暗黑裡找到了長矛，或者其實更像把長矛丟進黑暗裡？除了生物學的假設外，詮釋你「心跳快」的恐慌的心理意義，如果像是丟出去的長矛，詮釋的舉動是否具有哲學家漢娜鄂蘭和雅斯培努力的方向——脫離自我中心？

　　你說，你除了不想要跟著母親的方式做事外，你甚至是看不起母親，覺得她根本就是失敗者，連父親的心都無法拉住，她憑什麼在你面前說三道四，要你跟著她的意見。依你的說法，父親的心是跑掉了，如同長矛丟進了暗黑裡。從你的故事聽來，父親的心也沒有在你身上，雖然你不曾直接這麼說過。你記得，每次聽到母親說，父親要回來時，你發現母親會像沒有頭的蒼蠅般亂罵人。

你知道母親是一直期盼著父親，這也讓你變得很緊張，你不知道父親回來時，是否會帶給你禮物，或只是抱抱你，但情勢馬上就會陷進他和母親的爭執裡，讓原本的期待在瞬間崩解四散。這常是一瞬間的改變，你完全無法決定，你的緊張和你的心跳有什麼關係？好壞、善惡、生死和愛恨，都是難以忍受的、荒原般的曖昧，你想要以某個語詞來定格，但同時也是某種讓自己盲目的方式，讓心理的探索變成你腦海裡，道德和倫理的爭論。

　　這不會是跟你心跳有關的唯一場景，但是你說的「心跳快」，卻是出現在你和父母親的互動平台上，是一場等待父親回來，並做出評論和結論的場合。精神分析以個體為焦點，但如何在脈絡裡看個體，則是後來客體關係論者的焦點，也有人把這個命題設定在意識的人際關係理論。

　　以下的說法是值得思索，「鄂蘭聲稱，透過雅斯培的努力，『存在哲學脫離了自我中心的時代』。非自我中心的存在主義哲學，正是雅斯培和鄂蘭追求的目標，也跟他們著作的中心思想有關，包括社群、友誼、對話和多元等概念，這都跟浪漫主義的個人主義文化遺產刻意對立——這種十九世紀思潮繼承了跟世界和他人遠離的獨自沉思哲學傳統。」（取自臉書「歐洲哲學與跨文化研究2018.07.19」）

你的心跳，依你的故事所流露的不自覺說法裡，早就透露出，它不只是生物的跳動，而是隱含著複雜的父母之間的故事，以及你深深的期待，尤其是你一再失去的期待，讓你的心跳變成最佳卻最受苦的記憶。雖然至今對於「心跳快」這件事，你仍難以這樣想像，但我需要在我的專業職人的位置上，做這些觀察和推想。

17.眾星火相互輝映的光明時代，有期待黑暗的權利嗎？

你說，你喜歡待在黑暗裡，直到你心跳快得逼你打開電燈。我帶著疑惑的口氣問你，你不喜歡心跳快的感覺，何以你要讓自己待在黑暗裡？你說你喜歡待在黑暗裡，只是心跳快，逼得你無法一直處在自己喜歡的情境裡。

你描述的心跳快，是如同一盞燈火嗎？是讓你打開燈火的症候？我這麼想是跳躍得有些遠了，我稍微說明一下。一般來說，引進燈火是期待照亮黑暗，一如以揭示平庸的邪惡，而廣被注意的哲學家漢娜鄂蘭的說法——眾星火因為看見彼此，每一朵星火都會變得更明亮，並期待能夠相互輝映。

從星火看見彼此出發，漢娜鄂蘭在《黑暗時代的群像》裡表示，即使在最黑暗的時代，人們仍有期待光明的權利。我的主張卻相反，我認為在眾星火相互輝映下的光明時代，仍有期待黑暗的權利。光明來自於本能投

資的想法或情感，就算相互輝映更為光亮，但對不少人來說，由於成長過程種種仍待探索的因子，讓那些光明像是遙遠的路燈間的灰暗地帶。這些灰暗地帶的特色，不再是一般想像的，只要引進光明，暗黑就不見了，而更像是引進光明，只是讓人們盲目於那暗黑，這是很奇特的現象。依你的說法，你喜歡處在暗黑裡，但主觀上讓你不舒服的突發性心跳快，總是讓你無法再處於黑暗裡，而要立即打開燈光，死亡的感覺才會稍微緩解。

如同荒原有著詩的語言，各種曖昧還有不被了解的地帶。然後你為了活下去，開始玩耍，開始在餘生裡，尋找餘地玩著，你至今帶著疑惑在遊戲，這是需要的，雖然表面看起來，被當作是阻抗，但我寧願用「曖昧」這語詞來做為阻抗的前身，因為「阻抗」這字眼已經被僵化了，忽略了「阻抗」原本要代表的是，就在這裡，有著你活潑的生和死，有著你的文明活下去的跡象。

從另一角度來說，你不是讓自己沈浸在死亡的況味裡，或你的抑鬱裡有一個可能的機制，例如，「心跳快」把你從抑鬱相連的死亡況味裡拉出來。你以即將要死掉，而你不想死掉的方式，讓自己走出一般認為抑鬱會一路往下滑，走向死亡況味的途徑，由於心跳，甚至是心跳快，反映著好像預示著接近死亡的感受，但你要活下去，這種要活下去的動力，讓你曾經一度去急診，但到了急診室時，就馬上平穩下來了。這種特性讓你活

下去，以你目前的模樣，你來是為了明顯的症狀，卻很快就可以看得見那些暗黑地帶。

我說很快可以看見，這是什麼意思？我是以什麼看見了什麼，為什麼說看見了？是指在光明和黑暗裡周旋的意思，表面意義是抑鬱和空洞感的人生，但你並沒有要實質的傷害自己，讓自己走向死亡，而是掙扎著，要活著，還有其它的微小跡象同時存在，不過可能都被忽略了，而以「心跳快」做為主要的呈現。

你想要打開燈，看來是有邏輯上的先後順序，也可以說「心跳快」本身就是一道光，證明自己還活著，甚至還活過頭了。這道強光的出現，讓你想要脫離接近死亡的暗黑，並且聚焦在這道強光本身，至於原本的暗黑，反而不是你想要關注的內容，因此可以部分說，把黑暗給遺忘在一旁，但是否就把暗黑變不見了，這似乎不是話題了。你仍會開口說父母的事，但對你來說，仍呈現出那是另一件事，跟你目前的心跳問題不是那麼有關聯，因此也可以說，有了光卻是強光刺眼，看不見其它。

18.好像心中空洞、時間空檔和恨意是相連的

你說，你覺得母親很自卑。這也影響你，讓你在同學朋友面前，總覺得抬不起頭來，好像有個硬梆梆的東西擋在你的頭頂，把你壓著低低的。你不曾說過自己也

是自卑，好像那只是適用在母親身上的語彙。雖然你形容的，被什麼東西壓著，只能頭低低的，也許也是自卑或低自尊的意思。不過，我無意在此刻，以這些語詞常見的定義標定你。你自己也很難說服自己接受這種說法吧？因為我覺得這是無法被說服的，因此，只要我覺得是需要說服你，你才會了解和接受，那就表示目前仍不宜的意思。

不是想死，只是不想活，你想不到有什麼興趣，也沒有值得留戀的對象，人生是一路走，一路掉東西，現在什麼都沒有了，因此你在介紹自己時，都是那位充滿無力也很不滿的自己。空洞的自己，很難介紹給自己認識，也很難直接介紹給我，讓我認識到你還另有那位自己，雖然我很快就感受到，你是有那位自己的存在。

你提到，母親在等待父親的日子，根本是空等待，註定是一無所獲的等待。「空等待」，是常被提到的語詞，它是什麼模樣呢？是一種等待過程嗎？我想跟你談談，希望你可以想的東西，是真的可以想的嗎？什麼是可以思考的呢？例如，低自尊和自卑，是可以思考的內容嗎？或者「空等待」是如何等待呢？是不是結果不如預期，就是空的等待？但是，等待的過程裡投射出來，在朋友和家人間的事情，是可以依著「現實原則」來思考，而潛意識的課題，如果我們也說有在「想」，這是指什麼呢？

會不會最後被推向只是想著簡化的流程，以「不要自卑」來取代「自卑」，或者「低自尊」就以「高自尊」來取代，或如果是空的，填塞一些東西進去，就不再是空了？這些是分裂機制運作的結果，而需要以分裂機制來運作的內涵，是無法以言語說到的領域，也就是無法想的。但我們覺得有在想，是什麼意思呢？是否那是屬於比昂所說的beta元素，以我們的話來說是不可思議、不合現實和不合常理等，那是屬於精神病層次的內涵。

　　你說，你瞧不起母親。你不曾說過，同事和朋友瞧不起你，但從你描述自己眼中的朋友和同學，大都是不把你看在眼裡的人。這種形容是否等同於瞧不起呢？當你說你也瞧不起那些同學和朋友時，我卻覺得你沈浸在某種虛榮裡，也許一般不會這麼形容，只是你的口氣和態度，使我覺得你有一股難以言喻的虛榮感，好像這些人生經驗是你的重要歷史，是他人無法理解也無法取代的，你的虛榮和憂鬱同時存在。

　　你不斷地問著，不知道為什麼，同事這次無法做到像以前那般的完善，讓你不放心去好好處理其它事。你的為什麼，是好奇想知道原因嗎？或只是攻擊和責備對方？但你是對我發問，好像要我也捲進你的情緒和攻擊裡，這樣我就不是跟你站同邊的人，而這是你求助的方式，但又很難分清楚是求助，還是來要回你覺得應該要有的或你曾經要有卻失落的？而且其中混雜著針對某些

事的憤怒，讓我覺得這種憤怒，更像是來自無底洞，只是攀附在某些路過的事件上。

你說，你可以做很多事，將別人的事也做完了。但總有某些重要時候，你會忙得無法分身，你希望別人可以適時主動幫忙你，而不是要你出口請別人來協助你。結果卻總是空等，心中好像形成一個空檔，就在這些空檔裡，你等不到協助，因而開始有恨意，好像心中空洞、時間空檔和恨意是相連的，不過這只是我的想法，對你來說，你並不是依循我說的這種邏輯。

這是我的連結，對你來說，還是破碎片斷的內容，就算我嘗試在各種線索裡，把它們串起來，但目前仍是作用有限，甚至可能引來你的不滿，好像我只是來鬧場踢館的人，而不是來幫你助陣，讓你可以在人生的苦海裡，還擁有一點愉快。

曖昧是挑逗或是挑釁呢？你真的沒看見要注意的地方嗎？或你看見的方式有不同的視角？或者總是在某些地方就戴起古老的眼鏡，讓你只看見那眼鏡能看見的內容，結果卻是事情依然徒勞無功？

19. 訊息洩露出來，以缺乏脈絡、去頭去尾的方式出現在牆外

你說，你真的受不了，不知道為什麼，你的心跳會難以控制？我想著，是怎樣的心情，覺得需要去控制心

跳？我不確定你是否說得很認真，或只是在回應你的心跳快所帶來的挫折感，不過就你的話題來看，你的心跳已經成為霸主，主宰著你的生活。就意識上來說，你是完全地被宰制，雖然從潛意識的心理學來說，是需要主張，你才是主宰者，但是這個你，卻是和你意識上覺得，自己是誰的自己有所不同。

如果我說，你有個過於理想化的自己，它是以過度主張理想的方式，來呈現內心裡的荒蕪和荒涼，唯有如此，才需要以極端化的方式，滋養出身體的極權主義或心理的極權主義，而「自戀」會是極權的來源嗎？不必然，也許只是助力之一，那麼，什麼是極權的源頭呢？

你說，你不了解你的身體何以這麼霸道，完全不接受你的祈禱。你說，你不信神，但你把祈禱奉獻給你的身體，尤其是心跳這件事。我前述的身體或心理的極權主義的說法，除了是呼應管理眾人之事的政治，並試圖讓政治的說法，被引進我的專業說法裡，做為再了解和想像你的問題的某種方式。

我再多說明一下，關於身體或心理的極權主義是指什麼？對你來說，你的心跳是掌控一切的角色，它可以心跳到停止讓你死亡，也可以心跳快到讓你覺得就要死了。這是你不曾有過的事，畢竟死亡是無法重複的，但是何以你的心跳快，帶來的接近死亡的感受，卻是可以重複的現象？也許每次都只是路過死亡的門口，連招呼

都來不及打，就已經回到要活下去的力量了。

　　如果我說，這是身體的極權主義，在這過程裡將權力擴展到無限大的極權，但你的身體還不曾真的死亡，而心理卻是死了再活起來，或活起來只是為了可以再死去的感覺。這麼說是有些殘酷，尤其是你的抱怨是有種死亡的感覺，讓你很害怕，但這是我想著極權主義的起因。畢竟，極權主義的最大特色之一，就是以讓人恐懼做為接受控制的方式，或以這種方式來控制自己。

　　你說，你不喜歡內科醫師以權威口氣訓斥你，你不相信精密儀器做的身體檢查結果。你對於醫師說的「你只相信自己，不相信任何人」的話，覺得很委屈，覺得自己並沒有不相信任何人，至少在先前是相信這位醫師的，何況為什麼一定要相信那些儀器呢？這種「相不相信」就是心理的課題了，雖然這位醫師也說了，要你不要那麼負向，要讓自己正向思考。起初你聽到這樣的話覺得很受用，也很振奮，只是沒想到一踏出醫院，你就開始消沈，重複要自己正向的聲音變得愈來愈微弱。

　　我想著，你活得徒勞無功，是有不想死的死嗎？這讓你一路上，干擾著活下去的活。這是努力嗎？努力讓自己重複地陷進苦痛裡，這句話說得通嗎？誰聽得進帶著嘲笑和反諷的話？如果我只是想著，你是個可憐的人，你的事情都發生在過去，如今事過境也遷了，你可能接受這句話嗎？

關於心理的極權主義，我是主張，「正向想法」的流行，像是一道內心世界的社會安全網，它的重大功能是建構了一道可以圍住進一步思考的圍牆，讓裡頭過於不安的動盪可以被包圍住，不會外洩裡頭的訊息和秘密，不過，這不必然是人性的實情，如果這些訊息和秘密，依然不斷地升溫著，這道圍牆的某些地方可能有了漏洞，就會讓裡頭的訊息洩露出來，以缺乏脈絡、去頭去尾的方式出現在牆外。

　　從另一角度來說，這道牆圍住內在世界的不安，卻像是極權世界的展現，這是以「正向想法」做為圍牆時的兩面性質，而其它方式所建構起來的圍牆，是否也都是這種特性？當我們進一步解讀，比昂的涵容和被涵容概念時，除了讓情緒和想法的成長得以出現外，是否同時隱含著極權主義式的自虐特質呢？或以身體做為聚焦所在時，是否這是另一種正向觀點，好像只要找出身體的病因，問題就可以解決？雖然你的問題涵蓋了生活和工作裡的大大小小事項。

　　你說，你不喜歡被母親控制，雖然我可以輕易觀察到，你是如何地想要控制我，尤其是對於你認為的問題範圍，一如領土的範圍，意味著身體和心理兩者之間，也有一般所說的「政治」——誰要管理誰？生存就是要活下去，你活下來的生活，需要再有分裂機制來補強，以二分法來命名愛恨、善惡和好壞，並將壞的部分投射

出去。不過從你的經驗來看，這種機制也是不完全運作，仍然有漏網之魚，何以會這樣？這仍是充滿著生死交關的愛恨曖昧，為了替沒有名字的內容命名，你努力尋找標籤，不然很難面對那種處境。

或許，極權是妥協的結果，如同症狀，是有必要的存在？但如何不會變成真的問題？有這種可能嗎？因為內在世界是一切都並存？或外顯出來的政治極權，可以透過這些，增加想像它的心理因子？不過，這跟眼前的你，並不是直接相關的話題，是我從你的現象所衍生出來的想像，也許從心跳快得要死掉的感覺，走到政治的極權主義，中間是一條若隱若現的牽連。但也許我說得太早，跳得太快也說不定。

20.當時間到了，我只能說，我們下次見

你說，你很恨母親，當年讓你餓著肚子，一直哭泣卻不理會你。我想，這很難確定是什麼時候發生的事，或只是年紀大了之後，回想起以前的某些經驗，而得到的想法。畢竟這種經驗是如此常見，但並不是所有人都會如此想像，並當成痛恨母親的理由。我無法以這事件是否曾發生過，做為說明你目前困境的理由。但你這麼說自然有你的道理，只是我需要有一番想法上的交戰，來平衡你說的理由和現實間的關係。

你說著沒有難過的感覺，而淚水如同心中來來往往的人們，因為你總是想到某些事和某些人，就不由自主地掉淚。眼淚流下，人也走了，每滴淚水都有自己的命運，都有自己的日子要過下去。淚水如何保存自己呢？你的每滴淚水裡都有某個故事，但如果只流著淚水時，卻是最模糊不清的曖昧時刻。當你這麼說時，是要表達你目前的困難，和當年母親未能即時餵你的經驗，兩者之間是有關的，這種理由很難被推翻也很難斷定為唯一因素，如同你目前這麼說時的氣氛。只是我會再想，也許你正在表達，我無法滿足你來找我的目的，一如最近你坐下來就說，你不知今天要說什麼？這是近一個月，你開始說話的第一句，好像是要我餵你⋯⋯？然後氣氛就變成某種空洞感。你我一起工作的氣氛，變成我要餵你想法和建議，可以說這是有些退化的舉動，變得不是你要嘗試說些什麼。

　　你說，既然不知要說什麼，乾脆將治療改為隔週再來就好了。你並不是說得很堅決，而是放出風聲測試我的樣子。你甚至怕我會不知道這只是測試，又說「不是一定得如此」，以免我馬上說「好」。我是不會貿然這麼做，不過看來你是不放心，怕我會馬上同意你隔週再來。這意味著你在保護這關係，以免讓隔週的空檔，變成另一種空洞，使你受苦，一如你覺得母親未即時餵你，讓你飽受失落飢餓的苦。

何以你仍需要這些測試呢？明明測試可能弄假成真，也許離開和留下來，都是你心思的一部分吧？因此不全然只是測試，是你在表達心思裡的困局。我想像的是，父母親和嬰兒之間，一場文明的馴化戰爭，如何讓嬰兒照著自己的作息喝奶，可以逐漸變為依著成人世界的作息，這是愛的戰爭，也是文明化的戰爭，但也挑戰愛是無限的說法。畢竟父母親不可能一直讓嬰孩，不依大人的作息過日子，差別在於母親做得有多細緻？

　　不過，我並不確定，你或他人是否會誤解，以為我主張愛是不可能無限的，雖然我的說法並未挑戰愛，尤其是母親對於嬰兒的愛，我只是試圖指出，在人生現實裡，幾乎每位大人都會為了可以持續長期照顧嬰兒，勢必需要做的作息時間的結構戰爭。有人會覺得我這種說法，是在冒犯父母親對於嬰兒的愛呢！不過我倒不必過於替自己辯解，畢竟我也了解，指出這種很少被討論的現象，本來就有它難以被討論的意義。

　　你說，母親只在意父親的反應，根本不理會你。我的聽法是，我能不理會你的需求嗎？例如，你想要改成隔週再來的想法，如果說要理會你，是指什麼呢？一定要和你相同的意見和做法，才是理會你？或我需要有想了解你何以這麼想，才更是重點呢？但在這裡，我覺得除了這兩項命題，還有其它想法值得探索，例如，說明時間的空缺與所帶來的空洞感，兩者之間的關係是什

麼？以及這種空洞感，和你抱怨母親無法即刻滿足你時，胃的空洞感所遺留下來深沈失落的感受，兩者之間的關聯是什麼？

你要介紹自己給自己認識時，需要多少曖昧呢？在心理真實裡，這並不是想像，而是真的有失去的經驗。你失去了什麼，有更早的失落經驗嗎？是溫尼科特所說的，過渡客體的失去，或者斷奶的失去，如生不如死或者就是死去了？但是在死去裡再活著，而且活下去，好像生命早期的嘴巴和乳頭的關係裡，嘴巴有失落感後，你一直埋頭尋找失去的東西，從此嘴巴和乳房，展開了曖昧關係的餘生。

今天你都未再提到心跳快的事情，我才在納悶這是進步嗎？只是在要離開之前五分鐘，沈默後，你說心跳快得說不出話來，你繼續沈默看著我。好像在表達你想要多留一下下，讓你可以說完你想說的話。不過，看來你是以沈默，再創造了另一種空洞感，好像需要我的聲音，而不是你的說話聲來填塞空洞感。當時間到了，我只說，我們下次見。

路過小時候的故事

寒冷的一天

青春有臉紅的戲

苦澀翻身過牆

額頭綁著一片風風雨雨

伸手探索

半睡半醒的嘆息裡

擠著多少別人的

理想

【努力說話，為了假裝成劇本】

在心事不明裡曖昧

月亮對太陽說著人的暗夜

　　請你放心，我們都活在神話裡。月亮坐在靠窗的位置，向坐在走道的太陽，描述窗外的暗夜，有人苟且偷生，只為了可以曖昧。

　　除了文學藝術裡，充滿神話的影子外，生活裡也到處可見，剛剛在十字路口，就看見好幾輛以神話星球命名的高級房車呢！如果你再問我，「現實」是什麼？我只好有些無奈的說，如果你沒有記得以前的事，那麼，你過得了明天的日子嗎？

　　偏偏有一群精神分析的專業職人，很認真的宣稱：如果要真正了解另一個人，需要沒有記憶和沒有欲望……（會是沈默吧？剛剛應該沒有人開口說話吧？儘管腦袋裡充滿了問號……這是說什麼鬼話啊！）

　　好吧，你如果在暗夜裡，就抬頭看看天空吧！那裡一直都是很多人孤單時傾訴的地方。在天空裡，尤其是暗夜天空，飄浮著比你知道的，更多更多的心聲。

　　是心聲，所以它們都很沈默。

　　因為沈默，它們的根，紮得很深很深，「曖昧」就這樣誕生。其實，月亮暗戀著太陽。

序曲

　　有些事，是光天化日下發生，反而看不見那是什麼。後來映照在夜晚時，才會浮現出來。如同月亮那般，看見了暗黑世界裡，真的發生的一些事，真的……

　　故事就是這樣發生了。
　　月亮有些話想說，它對著太陽說故事。

古典戲劇在這裡，也許進一場歌唱，眾人合唱或獨唱。要唱什麼呢？是否就先來合唱：

路過小時候的故事
一隻白鷺鷥看著倒影
閱讀小說家丟棄的草稿
三朵多年前的扶桑
依然挺身在鉛筆文字堆裡
伸展手腳
搶著要開出童年的花
一隻白鷺鷥看著倒影
閱讀小說家丟棄的草稿
搶著要開出童年的花
三朵多年前的扶桑

月亮：你有聽過精神分析這件事嗎？（不可思議呢！真是不得了啊，連月亮都知道了。）

太陽：有啊，都是談些黑暗不見天日的事。

月亮：你是這樣看的喔？不過也可能啦，你的光度太強了，讓暗黑世界被擠到另一個世界了。（太陽稍微臉紅了一下，它的臉紅，差點讓傍晚提早來到，它趕緊回到正經裡。）

太陽：（太陽說話是直爽的，因此不必先清清喉嚨。）你想要告訴我，你看見的故事嗎？

月亮：如果我說......我一直困惑著，你我這樣子工作，我們能夠有我們的孩子嗎？（這是月亮的告白嗎？人是不可能知道實情的。）

太陽：如果我來自希臘神話，這不成問題，人總會想出神話故事，幫我們解決這個問題。我們只要等著就好，有聰明的人會幫我們編好故事。

月亮：哈，你這麼說，我放心不少了。只是，人會幫我們的孩子，想出什麼名字呢？

太陽：你也不必擔心，聰明人會幫我們的小孩，不論男女，都叫做「潛意識」。

月亮：（先是愣了一下，想說什麼，但是神情一轉，如是說。）哈，還不錯，我聽過一些潛意識的故事，原來它們竟是你我的子女呢！

太陽：原先你是在暗戀我，你我真的在一起前，我們就

已經有小孩子了。（太陽還是臉紅了，夕陽就提早來到，離天黑不遠了。）

月亮：是啊，看來聰明人還是有他們厲害的地方。

太陽：不過，因為有了我們的孩子——「潛意識」，讓暗黑世界不再只有地獄之神而已。

月亮：嗯，你這麼說，讓我想起了一些故事。（停下來，深情地看向太陽）你願意聽聽嗎？聰明人編寫出來的故事。

太陽：好吧，趁現在天黑，你說說這些故事吧！（太陽停下來，讓一顆流星飄過眼前）有些故事注定要在天黑時說，比較看得清楚。

月亮：聰明人編寫神話時，是這麼想的吧！不然直說就好了，何必把我們變成神話來說呢？

開始想這些難以回答的問題前，再聽一首合唱：

路過小時候的故事

難道不能有

孤獨的自由嗎

被遺忘在牆角的

一隻拖鞋

對著好奇探頭探腦的身影

忍不住嘆氣說

難道不能有

孤獨的自由嗎？

太陽：是啊，我好想聽你說說那些故事呢！

月亮：（伸手跟三顆路過的流星打招呼）嗯，我就慢慢說潛意識的故事，我們子女的故事。現在離天明還有一陣子，我就慢慢說了。

太陽：我會仔細聽你說故事，我也好想了解你我的子女，到底發生了什麼事？為什麼老是在爭吵，他們生下來就是為了爭吵⋯⋯

月亮：先不急啦，不要急著對神話下判斷啦。

太陽：好啦。

月亮：一切都要先從空無說起。（月亮看向無垠的太空）有人說，是從零開始，我就從這裡開始說潛意識的故事了。

太陽：嗯，我很想知道是怎麼回事，人類把我們說成神話，他們忘記自己一直活在神話裡，只是他們得到了語言和說話的能力，可以不斷地談原本屬於自己的神話。

月亮：也許人類不喜歡過得那麼真實的日子，不過，我跟你的想法一樣，是這樣的⋯⋯

因為有人堅持，第一幕就是要先講硬道理，也就是先把醜話說在前面的意思。聽說，這是數萬年來，太陽和月亮之間最嚴肅的對話。它們不認為自己在舞台上演戲，而是我們硬把它們推上舞台。

　　你們接下來看到的，一點也不輕鬆。聽月亮和太陽交談，除了風花雪月，它們總會有需要講嚴肅故事的時候。請大家仔細聽，聽嚴肅的事情，總是消耗心力。

【第一幕】

　　今天流星特別多。不過對月亮來說，看多了，倒不覺得有什麼值得稀奇的。

　　人生下來是嬰孩，它脆弱嗎？

　　如果是，為什麼活下來的人，會有自大和自戀呢？這是必要的人生技藝嗎？嬰孩時是必要的，大人就不需要了嗎？對於人的成長來說，是否代價太大了？

　　如果可以不必自大和自戀，有可以應對脆弱的方式嗎？這些脆弱，和隨之衍生出來的空虛或空無感，長大後，就不會再覺得空虛或空無嗎？還是因為被自大和自戀佔滿了？

　　更常見的是，空虛和空無感還一直要更多，如果是自大和自戀，會需要從別人那裡需索更多嗎？或者自己

一直創造出東西，來填滿空虛和空無感，即使有個他人也不再是當年的父親或母親了。

這一切，都是他被拋棄所引起的嗎？

月亮：既然剛剛說到了，從空無開始，我就從精神分析家說起吧！他叫做麥可巴林。（哇，真的不得了，在那麼遙遠的地方，月亮也聽得到精神分析的聲音。以後，中秋節，看見月亮時，一定要對它敬禮。）他依著臨床經驗，將人的暗黑世界分成三個區塊，這是屬於我，月亮的領域，你睜著大眼也看不到，除非你透過聰明人說的神話故事，你才有機會了解。巴林把最原始的區塊，叫做「自戀」的地方，這是人性裡最原始的地帶。

太陽：等等，你說了好多事。（伸手擋掉一顆盲目的流星，從它的腰間飛過去）我知道我愈光明時，愈看不見暗黑世界，這是神話，叫做「潛意識」的地方，你和我的子女的領域。

月亮：是啊，我說它暗黑，是說那裡不是看得見的地方，只能靠著想像和猜測，是那位叫做佛洛伊德的聰明人說的。起初，他說得有些牽強，對於你我的子女「潛意識」所待的領域，他只能靠著想像和猜測，接近被稱呼為「自戀」的領域。

太陽：看來，嗯，佛洛伊德說對了一些事呢！你剛說的「自戀」，是聰明人幫我們寫的神話裡，那位水仙花，

整天看著水中倒影的神嗎？

月亮：有神話水仙花撐著巴林的說法，加上佛洛伊德的想法，巴林進一步說明那個叫做「自戀」的領域，是創造力的來源，純粹從自己出發的創造，不是為了其他人。就像被生而為花時，就會尋找機會，要把花開出來。

因此，所有花都有水仙花的影子。嗯，有趣的說法。人到底是什麼地方，有花的影子呢？

就聽聽這首獨唱曲吧：

路過小時候的故事
走路沒有風的
蒲公英
趴在廟門外龍柱
對著鐵柵欄裡受困的龍
樸拙大口吸氣
舌頭在嘴巴裡等待
尋找還沒有來的
東風
蒲公英
趴在廟門外龍柱

太陽：嗯，這有我的影子，源源不斷的能量，沒想到這位巴林先生會這樣子想像，生而為人，就是要把人的特質發揮出來。

月亮：沒那麼單純啦！你聽我說，什麼是生而為人，是個難題，聰明人只好再說些神話，來保留住人是什麼的種子故事，為了以後，當人忘了自己是誰時，變得太高傲，忘了「夭擺沒有落魄久」，可以從神話裡找出答案。不過，神話姍姍來遲。（月亮作勢要前衝的模樣，被太陽趕緊伸手制止了。）經過太長時間了，讓後人解讀神話時，出現眾多分歧。有時候，我都忍不住，想出來告訴他們，我所知道的真相。

太陽：還是忍一忍吧！他們不可能一下子就聽懂你說的啦！除非你編織另一個神話，讓人可以自己想像，得到他們要的答案。

月亮：是啊，人都是這樣子。

太陽：帶著我的特質吧？

月亮：如果硬要告訴他們，他們是活在自己不知道的神話裡，他們就會馬上閉起耳朵，或者他們常說的，把我們的話當作耳邊風，多麼神奇啊，可以聽而不見呢！

太陽：（低頭看著人世間）回到你說的巴林的說法吧，你有故事要說，現在才起步。

月亮：嗯，是啊，依照我的猜測，他說這塊「自戀」的領域，是要描述他在工作室裡的經驗。巴林承繼佛洛伊

德的志業，我覺得這行業是暗夜裡的詩句或劇本，不過可能有人會覺得這種說法，是對精神分析的侮辱。

太陽：為什麼呢？

月亮：他們認定精神分析是科學。（停頓了一下，再點頭來加強這想法。）

太陽：嗯，可能如你說的，不少人不願意相信，自己創造出來的神話，蘊含最多人性的故事。他們大概很難相信，我們說精神分析是暗夜的詩句或劇本，是種讚美，是對人性的高度了解。

這是從天空傳來的讚美嗎？一百多年來，終於聽到這些讚美詞，你不要急著相信，不然接下來的說法，就會變成拗口的故事了。

月亮：人會慢慢懂的啦，不用急。巴林說這塊「自戀」的區域，是人要創造出自己覺得最好的東西。這就有趣了，什麼是人覺得最好的東西？值得他們在還沒有開始和他人接觸前，只有自己的領域，就找出創意讓自己活下去。要讓自己存在下去，就要複製自己，讓自己不斷地傳承下去。

太陽：複製自己？拿什麼材料呢？（太陽聽說人有精子的故事，不過他還不知怎麼說這件事。）

月亮：嗯，對你我來說，一點也不難，你不斷射出能量
粒子，源源不絕。

月亮可能想到「性」了，竟有些臉紅，讓路過的流星
們，停下腳步的一瞬間，向月亮表達敬意，這是暗黑世
界對「性」的禮敬，也是月亮和流星間的默契。

月亮：對人類來說，比較複雜些了，光是要人們相信，
在他們很小很小的時候，開始覺得有別人之前，就想著
如何表現自己了，這不是人的語言可以達得到的了解。
沒辦法，人的語言已經太文明了，讓人遠離了原始的經
驗。（看著兩顆流星跟它招手）人的語言和說話變得愈
說愈遠離自己了，雖然常聽到有人說，要做自己，我不
是很了解那是什麼意思？

太陽：嗯，是啊，每次聽人說話，我就愈覺得他們不認
識自己。人說的話只是要來裝潢自己想要的樣子，他們
說出來的自己，變成他們居家時的傢俱，要給別人看
的。不過有趣的是，有一些人，叫自己精神分析師或分
析治療師，他們使用語言工作，也讓自己被別人使用。

月亮：看來你對這些人有些了解。據我所知，巴林所說
的「自戀」的區塊，並不是他自己想出來的，而是從找
他談話的人的經驗裡所推衍出來，找他的人被叫做病人

或個案。

太陽：（緊皺的眉頭，讓熱度增加了兩度。）我不了解你說的，叫做「精神分析師」或「分析治療師」的人，他們被叫做「個案」的人使用，這是什麼意思？

太陽心中想的是，所有的人都是在使用它啊！用它投射出去的能量。它早在很久很久以前就投射出去能量，但不會有人說它「自戀」，想到這點，它不禁微笑，得意起來呢！

月亮：我剛剛說的可能容易被誤解。我是指被叫做個案的人在工作室或診療室裡，將聽他說話的人當作是以前的某些人，讓個案們覺得，他們是用以前某些人的方式對待眼前的他。這麼說，有些複雜，我要說的是，巴林說人有個「自戀」的區塊，來自於個案在他面前說話時，是自己創造自己，根本沒有把他放在眼裡。個案用這樣的方式活下去，他從這種經驗推論出「自戀」的區域。有些像神話的說法，不過，也許他不同意是神話吧？（它揮手，叫三顆路過的流星，一定要幫它向剛剛匆忙離開的那顆流星，問好。）

太陽：是啊，你舉個例子吧，讓我聽聽人現在怎麼了。

月亮：（閉著眼睛想的時候，突然天地就更暗了，它正

在想人心裡很暗黑的領域。）好吧，就舉一個我聽過的例子。唉，我必須說，知道了這故事後，心裡還難過了一陣子呢！這是某位花漾年華女子的故事，會變成這般糾纏，真令人傷感！起初，她和母親相處很糟糕，她說自己故事的例行開場白，總是花很多時間描述母親是有多麼差勁，當年是如何拋棄她，不知去向，直到父親過世後，她才再度返家。她以為母親只回來一下就要離開了，沒想到卻住了下來。（它知道自己的眉毛，曾經庇護過她的母親。）母親對她來說是個陌生人，但是她和母親就是不對盤，只要開口說話就會爭吵。後來，她只好出國旅遊，至少一年多吧，直到她把自己賺的錢花了差不多，才回家。這期間，她完全沒有和母親聯絡。

太陽：我看得到的意思好像是，她離家後，她就把母親變成當年的她，這次，是她拋棄了母親。

如果離家是要散心，有什麼心要散呢？怎麼散，才是散心呢？或只是營造氣氛，你來了，我就走了，黑暗的心情都張貼在背影裡。再回來，是要回到自己活過來的地方。

歌隊合唱：

路過小時候的故事

卡其布長褲右手口袋裡

一顆檸檬的心酸

當年路過愛情

順手偷來的青澀

五十多年後

依然有綠色薄皮的口水

吞著臉紅的心跳

一顆檸檬的心酸

當年路過愛情

月亮：（嘴角還留著剛剛困惑的表情）嗯，看起來是有這種味道。不過，她不太可能同意，她說母親是大人，當年她只是很小很小的小孩。當年，她無法照顧自己，現在，母親可以照顧自己。她若有似無地說母親這次返家，常抱怨自己年紀大了，身體也不好，需要有人來照顧。她不覺得自己要照顧母親。

太陽：她這麼說也有道理啊！（滿意自己的想法）

月亮：有些事情不是道理的問題啊！

太陽：是啊，這是人很麻煩的地方。

月亮：是人的奧妙，說實在的，在神話裡我們被人們造過神，後來就不全然了解，人是怎麼回事啊。

神話是要了解什麼？或沒什麼，只是有人在晚飯後，沒事幹，看著天空發呆，被一顆從樹上掉下來的蘋果，敲到頭後的奇想。更納悶的是，為什麼要在蘋果樹下看天空，不在空曠的地方呢？

太陽：唉，要承認身在神話裡的我們，真要了解人也不是那麼容易，真的不容易啊！

月亮：（點頭，太陽也跟著點頭回應。）你會發現這真的不是那麼單純，人的複雜比神話還要複雜。神話，可說只是人的簡化版，是還能夠說出來的版本。你聽她是怎麼回事，她還是自己回家了，有年老母親在等她的家，她可以不理會這個家，但她還是回家了，她說的，還是回家了。

月亮想說的，天空無限大，為什麼一定要回家呢？

太陽：她還是把家當作家，母親當年離家又回家了，差別只在一個是離開快三十年，一個只離家一年多，不過聽來不是數字問題。以我的光年來說，這兩個數字只是我呼吸的瞬間。（很得意的神情）

月亮：是啊，不是數字的問題，有可能一年等於三十

年，在神話裡，你我都很熟悉的情況。看來對她來說，也是這樣子，你做為光明一看就懂了，只是她無法看清楚，在她和母親之間，隔著一道暗黑的銀幕。

這道暗黑的銀幕是透明的，不是牆，如果是牆，會讓人以為後頭還有其它的。但是透明的暗黑，讓人看透它，以為對面什麼都沒有，只有自己。

太陽：她為什麼要回家呢？我搞不懂了，既然不和，也離家了，何必再回家呢？處處都可以為家呀！（叫一顆流星，要跑慢一點，不然會撞到前一顆。）

月亮：太陽的神話，可以處處為家，這是人給你的權益，不是每個人都有這種權益。有時求著要有這種權益，事到臨頭，卻又回家了。她屬於這一類的人吧？不知是悲哀，還是要替她高興？

太陽：還有高興？（嘆了一口氣）

月亮：（嫵媚的眼神看向虛空）說高興，不是精準的話語。我再想一下，怎麼描述在悲哀和愉快之間的廣大領域，來形容她為什麼要再回家？她是給自己一個理由，母親那麼老了，很可憐。多麼難以抗拒的理由，是她給自己的理由。只要轉個念頭，也可以想成這位叫做媽媽的女人，和自己沒有任何情感。

太陽：總要有個理由吧！只是她的理由，太缺乏想像力，太普通了。

月亮：有其它不知名的力量在引導她吧？智慧女神這時候還無法上場，因為她和母親之間空白的日子，被塞滿了想像，智慧女神一時之間還擠不進去。那些塞在空白裡的想法，才是真正決定她回家的力量。

一眼就看穿的透明，什麼都沒有，卻可能是做決定的關鍵。

太陽：只要被我的光一照，這些力量都無法遁逃，看得一清二楚。

月亮：哈，剛好相反，有個叫佛洛伊德的人，起初也是這麼想，後來他覺得沒有那麼單純，你的強光出現，人就閉起眼睛啊。（它也跟著閉起眼睛，很美麗的時刻）

太陽：嗯，能夠看著強光，不是容易的事，比見梅杜莎的頭，還更危險也說不定，你真的這麼覺得嗎？（它自信自己是唯一不怕看見梅杜莎的頭）

月亮：看見她和母親間的類似行為，的確是帶著危險，不致於像看見梅杜莎的頭，就會變成石頭。她回到家後，不全然是石頭，她的心如石頭般堅硬，一點也不想要柔軟，如果對母親柔軟，她就會走回頭，直接死在當

年，沒有餘生可以活到現在。

太陽：活到現在了，這時候的柔軟，會讓自己回頭死在當年？

舞台後，一個奇怪的聲音，微弱地說：會再死一次，這次會死得比當年更是死，死得更真實⋯⋯

獨唱：

路過小時候的故事
如果衣錦堅持回鄉
一定是想不開的牙齒
還在午夜徘徊
還沒風乾的
一件孩童白內衣
掛在曬衣架
追逐風的尾巴
豎起失敗泛黃的縐褶
自從領口破出一張嘴巴後
早就不敢宣稱勝利了
如果衣錦堅持回鄉
一定是想不開的牙齒
還在午夜徘徊

【第二幕】

　　脆弱、空無、空虛、自大、自戀，哪一個處在暗黑，哪一個處在光亮的所在呢？它們都是可憐角色，被光明逼迫得，只能讓自己的暗黑，隱身在光明裡？光明以為趕走了暗黑，但暗黑從來不曾屈服過，連彎腰下來都不願意，只是讓自己變色，讓光明找不到它們？

　　這不是哲思，是診療室實作的日常生活，文明裡的不滿，從來沒有消失過，不滿以暗黑來結盟，以死去的方式活得比光明還燦爛無比。

月亮：（帶著感傷）其實，她早就死了，很早很早以前，她就死去了。

太陽：她還活著啊，還每天跟母親吵不完啊！

月亮：嗯，她心中某部分早就死過了，（忍著眼角的淚水）還有其它部分一直搖撼，為了可以活下去。

太陽：對熟悉神話的人來說，你所說的並不難理解。

月亮：是啊，人雖然發明神話，來說明自己的多重面貌，但真要把自己的樣貌嵌進去，就會遭遇到無數的困難。

太陽：何必把自己框進什麼鬼玩意呢！（做出鬼臉，雖然他不知這就是人世間的鬼臉。）

月亮：有趣的現象是，有一群自稱是精神分析師或分析治療師的人，是專業職人吧，他們以細緻的手工藝，從

找他們會談的人的故事裡，了解人的不可思議。

太陽：他們相信只要有光照射，暗黑就不見了嗎？我不知道這是不是我的哲學呢？我要想一下，有必要替自己的光，說出這種大道理嗎？

見光死，才是最深邃的人生哲學呢！

月亮：是這麼想的吧？就像我的存在，是透過你折射過來的光，並沒有讓我變得完全透明啊！（低頭看著太陽，明眼人都知道，其中必有著曖昧。）我還是叫做月亮，有明有暗同時存在啊！

太陽：你為什麼這麼說呢？

月亮：（有些失望）喔，我太投入了，竟然替這些專業職人辯解起來。也許有人相信，只要引進你的光，然後暗黑就不見了。我的存在讓有些人想像，總有你的光沒照到的時候，你不可能照亮所有人，在所有時候。總有需要間接透過我，映照的暗夜，就算有白天的光，暗夜不曾從人的歷史和日常生活裡消失過。我的存在，會讓人有不同的想像。

太陽：嗯，這是人的悲哀，或值得慶幸的事？不論白天多麼明亮，總有暗夜會來交陪。

月亮：是啊，就像我剛剛說的，她內心有一部分已經死

掉了。（盡力讓自己的曖昧能持續活著）其它部分一直不了解怎麼回事，甚至還不了解，那是死亡。心裡落寞，死亡就用各種方式來喚醒死亡，讓死亡的外圍累積一些活力，雖然最後，總是回到它原本的，死寂。

相當難以理解的說法，要不要再修改一下，讓它比較好懂呢？不用啦，月亮說的話，有它的道理，我們再慢慢了解就好了，這不急的啦！

太陽：很有意思的說法，說個例子來聽聽吧。（不想再當神話裡的太陽神的模樣）

月亮：嗯，回到她的故事吧。她再回到家裡，要找什麼嗎？或很自然的，要回到自己的家？回到熟悉的爭吵？是這幾年的事吧，母親回來，是近幾年的事。她再回家是要把母親趕出家門？

太陽：跟神話的解讀一樣，希望有寬廣的解讀空間，天空這麼大，豈是隨意一兩個想法，就可以說穿的。（它相信這麼說，月亮會知道，他要傳達的還有更多.....）

月亮：（想說，我知道你的意思。但吞了下去。）嗯，人有侷限，想依照自己的方式看事情，照天理來說，有不同看法就算了，反正各過各的日子。總有一條難以說清楚的線，我就叫它感情線好了，這條線拉著人和人之

間，一定得糾葛呢！

太陽：感情，看來是有趣的東西，是我們神比較淡薄的。（正經得讓感情真的很淡薄）

月亮：不過，和佛洛伊德有關的這群人，把這條線當作是線索吧。甚至想把這條細細的線索，仔細看成一道細縫，（不自覺地眯著眼睛）再把細縫看成一道窗戶，看往人內心的入口。

太陽：這群人真有本事啊！

月亮：你想想，說成入口，就變成一道門了啊！進入人心的門，多麼誇張的說法呢！

太陽：哇，這些專業職人的想法，是一件神奇的事。

月亮：像更早以前，人是從神話來了解我們吧？人創造出我們的形象，再回頭讓後人有更多的想像，不然，他們很難認識你和我。我們出現在他們的日常生活裡，還看我們的臉色過日子呢！

太陽：我的臉色是唯一的。

且慢一點啦，太陽啊，現在的天空，根據天文科學是有很多顆跟你一樣的太陽，只是現代人，不想再追加神話故事了。

合唱：

路過小時候的故事
黑帆布白底膠
一隻破球鞋
一心一意忘記過去
放棄咬緊牙關
不再對微雨的天空
說大人的夢話
只想著多少方式
拋棄自己
不再對微雨的天空
說大人的夢話

月亮：他們發展出看我們的方式和說法，這些專業職人
細看的東西，和看我們的方向相反。看我們是無限大，
往內心世界是無限小，又把無限小看得愈來愈無限大。
太陽：人們現在看見的是，我很多光年前的臉色，常常
不是重點了，幾千光年前的光照在人身上，看起來就是
現在的事情。（最後加重語氣）
月亮：照你的說法，她回家是要看母親的臉色，當年，
只有短暫時間，曾經看過的臉色，有個晚上，母親就不
見了。

太陽：母親沒有留下臉色，這是悲劇。（說完後，仍想著這句突然如流星般說出來的話。）

月亮：她說，躺在搖籃裡，真想站在門外，看著母親，夜半，偷偷離家時，是什麼臉色呢？

太陽：看人目色，眼睛看著人時，傳達出來的無言情感和想法。（很得意這句話）

月亮：你這比喻相當好，人們受以前的影響，可說是小太陽在他們心中呢？你願藉用你的名字嗎？哈。

太陽：我是怕人們受不了強光啊！

月亮：人現在看見的，永遠都是從前的光。沒有光時的暗，是屬於什麼時候呢？就算是夜裡，有我的光，來自你餘光的折射。難道對人來說，沒有你的光時的暗，才是真正地屬於現在？

看來要靠著光明和黑暗來想人生，是缺乏深度和厚度的想法，只有兩個答案的人生，怎麼會有厚度和溫度呢？

太陽：這是要說什麼呢？

月亮：我想著這些專業職人說的，真正的焦點在此時此地，這是什麼意思呢？（一顆流星停下來問它，是否能幫忙記得，昨夜寫下的詩句，月亮點點頭。）你提到你的光是很久很久以前的光，讓我想著這件事，這些專業

職人引以為傲的發現，不是在以前的故事裡打轉，而是在眼前發生的事裡仔細觀察。

太陽：（自信的模樣）靠著我以前的光，來看清眼前的樣子。她說故事時，也是這樣子想的吧？捕捉到我的光，說著那光所照的地方，我可以感覺到，她的心停留在以前，她不是真的想看清楚眼前的模樣。

月亮：或者她在等待月光，我的光，比較不刺眼，人們喜歡在月光下，仔細看著暗黑，研究暗黑，想像暗黑。談情說愛，總是約會在月光下，更羅曼蒂克呢！不過，這也事實啦，在月之光裡，所有暗黑都有機會被看見。

（迷惘看向充滿流星的星空）

太陽：（等月亮回神後）我的光創造出影子，光和影子兩種型式，是光和暗的對決。看看多層次的暗黑，你是這個意思？

月亮：是啊，照他們的說法是「陰陽」，不過，陰陽也是二分法。人在慢慢看見自己後，會發現原來不只是男人和女人而已。你的光只能看見陰陽和男女？我是你的餘光，是你千百萬年前的光，卻是此時此地透過我的折射照到人們身上的光。

那麼，有人說童年影響著目前，是多年前的光透過某種媒介，再轉折出來而被看見嗎？

獨唱：

路過小時候的故事
三個信封埋頭在打拼
古老的故事
安撫信紙上每個字
都有兩種以上的表情
順手揮著
泛黃的汗水
拍拍額頭的灰塵
安撫信紙上每個字
都有兩種以上的表情

太陽：我千百萬年前的光，是讓人會顯示出七彩顏色的所在啊！
月亮：這群專業職人的老祖宗佛洛伊德曾說了，「固著的現象」，是指心理上停留在當年很小時的某種感受和想像。這種說法惹來了兩極化的解讀，相信的人在複雜情感和行為裡，看出當年的遺跡。另一方的人相信，就算有遺跡，後來的想法和情感，早就蓋過這些遺跡了。（雖說得有自信但又怕說過頭）我這麼說是有些粗糙啦。
太陽：說是固著，是太僵化了，我的想像是這樣，當我

的光照到人的世界時，被叫做光明的世界，人們是用我千百萬年前的光看見的，換另一比喻來想的話，也許會有不同的看法……

月亮：你說說看吧。

太陽：（沈思後指向前方的某個遙遠地方）如果人的早年經驗轉化成我的光那般的能量，源源不絕的能量，當年就一直在發散了，到目前仍不斷發散情感和經驗，幾乎無時無刻地出現在眼前……

月亮：像是暗黑裡，帶有光特質的早年經驗和情感，不斷地發散，是比較接近這些專業職人所說的固著？

如果這樣子，情感和經驗都帶著光，何以會以暗的，不被看見的方式存在呢？或者所謂不被看見，其實不是如此，而是經過變型被看見了，一時仍不知那是什麼？或說不出那是什麼，但是就知它在那裡？

太陽：看見這些有什麼用嗎？（忙著回應兩顆路過的行星）

月亮：就像問閱讀神話有什麼用？很難說，有趣的是街頭跑的名車，不少是神話星球的名字呢。有什麼用？多種層次的疑惑吧？不是高下的層次，而是有層次，只是很困難察覺到，其它層次的材料影響著自己。

太陽：我只是一顆星球，加上一些光，卻被神話說成多麼好色（頭抬高得意這種說法），有時是好人，有時卻是壞人，人喜歡我是複雜的。

月亮：常想要簡單的答案，而最簡單的答案是，區分好人和壞人。這是多麼自然的需求，幾乎不可能被推翻的人性，總要再等一下，才會想到不是那麼單純。

太陽：不然，就真的太陽底下沒新鮮事了。

月亮：奇怪呢，竟沒有這種說法，月光下沒有新鮮事？

【第三幕】

　　大家都在說話，唯有沈默者，在編織人性。這句話太抽象！回到脆弱、空無、空虛、自大、自戀，這幾個語詞都是被說出來，做為掩飾用的，或用來增加誤解？它們的內容是難以用言語觸及的領域，有了這些標籤，讓人以為只要知道這些字眼，就能知道人的苦難了。人和人之間，因為這些語詞的相互張貼而疏遠，如果要認識人，需要拋棄這些語詞，但是沒有這些語詞的存在，卻是更可怕的事......

合唱：

路過小時候的故事
三隻白鷺鷥站在水牛背上
走在黃香瓜田旁
流著很久很久以前的汗水
浸泡在前天風雨後
田邊小溪裡
浮浮沈沈的文字
始終拼湊不出
五十年前躺在田埂上
看天空的心情
浮浮沈沈的文字
始終拼湊不出
看天空的心情

太陽：（壓低聲音）她再回家和母親同住，不分日夜，兩人爭吵不完，所有的事都可爭吵。

月亮：像你的光般，不斷製造爭吵的能量，她們爭吵的事只是能量象徵物，不然實在很難想像，為什麼還要住在一起？

太陽：是啊，地上雖沒有天空大，也不致於容不下她們兩人吧？

月亮：依據精神分析專業職人的態度，不會牽就這些現象，無論是否能解決。要試著讓猜測，從困惑裡浮現出來，有了猜測，才有可能往前走下去。人類幫我們創造的神話世界裡，神和神之間，也是猜來猜去的啊！（不確定自己是否說對的神情）

太陽：這些專業職人的工作，只能猜測別人在想些什麼？（狐疑的神情但很快就轉為好奇）

月亮：可以這麼說，這些專業職人間也有不同的想法吧？看著潛意識的世界，想像和猜測構成理論，就像古人看著天空，想像出你和我的故事和性情。只是你我的故事變成了神話，這些專業職人的想法不只如此呢！

說故事，起初是個行業，後來說自己的故事，卻變成了解某些症狀和問題的起點。不同的說故事的目的，帶來什麼文明的變化呢？

太陽：你談了不少這些專業職人的事，那麼，他們會怎麼看她回家和母親爭吵不斷呢？

月亮：（清喉嚨時，差點吹翻一些小流星，它趕緊跟小流星說抱歉。）不能只看兩人爭吵，就貿然下結論。她說的故事，從小，母親不見了，她跟父親住一起。她卻少提到父親，還不確定是像陌生人，或擔心過於親密而

難以形容？

太陽：她還有什麼特色呢？

月亮：（好像說出自己的心事）她覺得空虛，我仔細回想，無法確定「空虛」這兩個字，是否曾由她的嘴巴說出來？或者只是專業職人的感受？是專業職人覺得她說了很多故事，只為了說自己空虛，就像她心裡的家。（它曖昧地看著太陽）

月亮和太陽，在寬廣的天空裡，是否空虛？它們說得清楚嗎？

太陽：現在家裡終於有兩個人了，都有理由相互抱怨，兩人等了好久的場面，終於出現了，要趕緊抓住這種場面，以免再度失去它。

月亮：嗯。

太陽：雖然想要好好在一起。（看著月亮）

月亮：（不想再臉紅了，壓低聲音）是啊，好好在一起是什麼意思？原本的家是空洞死寂，再度回家後，會做他們正在做的事，總是需要讓家活絡起來。

太陽：他們順著我的光，責怪看清楚的部分。你的光，卻是他們說不出來的心情。

月亮：還有什麼比在爭吵時，投注情感，讓家更能活絡

起來呢？就算含著怒意和懊惱，是比愛更讓人活起來。

太陽：她們只能二選一？（這違反它的心意呢！）

月亮：對你太陽來說，一直亮著，但人們在白天和黑夜裡作息，不是自然現象構成了二選一，是人從小就想要區分，好人或壞人，的確是有趣的現象。

太陽：愈像小孩的意思，只有二選一的生命習題。

月亮：（點點頭）那些專業職人會同意吧？對職人工作來說，需要再多問自己，為什麼會這樣子？回到她的故事來說，她有兩個明顯特色，一是重複相同故事和衝突來訴說她的空虛感。她從小待的家，父親在家，卻神秘地消失了那般。（停頓，想著自己孤單的一生。）二是對待自己和別人，大好大壞，只有好跟只有壞，總是黑白分明，無法有中間的灰色地帶。

有趣的是，大部人以大是大非、黑白分明做為美德。大家談的是相同的事嗎？雖然使用相同的語詞。

獨唱：

路過小時候的故事
當年和紅色的姑娘蜻蜓
來不及揮手
吻別

一片雜草不想再沈默
尤其是無辜被帶走的鬼針
緊貼褲管
還在生悶氣
當年和紅色的姑娘蜻蜓
來不及揮手
吻別

太陽：這是她的問題的主要來源？

月亮：（有一顆流星特地來跟月亮告別）可以這麼說。
對專業職人來說，這只是表面的歸類，這些二分特色，
在精神醫學被歸類在邊緣型人格的範疇裡。精神分析的
職人也會這麼看，只是傾向假設這種特色，是源於生命
很早期的創傷。

太陽：到處都會有創傷啊，人生下來注定是脆弱的，人
說自己強，只是在空洞裡虛張聲勢。（說得自己很相信
的模樣）

月亮：至於創傷是什麼，有很多可能性，依照溫尼科特
的說法，如果有位「恰恰好的母親」，也許小孩的邊緣
特徵，就不會那麼明顯。這顯然不是容易的事，因此這
些邊緣型特色，普遍存在於人的情感經驗，以及和他人
的關係裡。

太陽：在這些人性特色下，她會和其他人，包括和專業

職人，處在類似的情境？

月亮：（毫不猶疑）常是如此。對專業職人來說，也是這樣子，才有可能和她一起工作，就眼前發生的事，處理這些事的相關意義。

太陽：意義？

月亮：是啊，意義。不是只在她說的表面故事上打轉，指點她如何回應以前的事，那是紙上談兵。她重複談著和母親的矛盾衝突、心情低落，甚至常暗示著空洞感，讓她覺得活著沒什麼意思。但又說她靠著自己，才活到現在，甚至帶著瞧不起專業職人的態度，說她的苦痛任何人都無法體會，或者再更強調，沒有人可以體會。

獨唱：

路過小時候的故事
今天沒有想到什麼事嘿
只記得一片彩雲
貼在牆壁上
想飛
今天沒有想到什麼事嘿
今天沒有想到什麼事嘿
只記得一片彩雲
想飛

太陽：她這麼覺得，也不見得不對。（難得的遲疑的態度）

月亮：嗯，我不是說她不對，或她不能這麼想，這種特色讓周遭的人和專業職人，容易落入冷暖交織，好像走在山崖旁，隨時可能掉落下去，要隨時戒慎，不能說錯任何一句話。

太陽：哇，這麼困難喔！

月亮：（深深的吸口氣，怕把其它小流星吸進來，因此用手堵著嘴巴。）不然，一句話就有風暴出現，讓關係陷在戰爭狀態。

太陽：那麼難相處，有誰願意在幫助她時，還被當作是兩軍交戰的敵人啊？

月亮：可以這麼說，偏偏專業職人的工作，就往不可能裡頭鑽進去，我想他們不會說，一定可以幫得上忙，不過，至少有著心理準備，他們的工作要面對這種困局，需要隨時提醒自己，有特權聽她說故事，並且她需要付費，也有需要，不隨著她的行動而起舞。

太陽：（提起眉毛時，周遭的氣流動了起來。）奇怪的工作。

月亮：可以這麼說吧，有人還說這是爛工作呢！要在她能夠一起想像的情況下，讓她知道她在這當刻裡的行為，可能的意義是什麼？尤其是故事外的意義。

太陽：不是直說印象就好了嗎？（曖昧的神情）

月亮：（不想再臉紅了，想要做個不同的自己。）那是你的光照射的方式，太強的光只會讓人閉眼。一言可興邦，也可喪邦，專業職人的工作大概很難說，我不管這些，反正就說了，讓她自己煎熬，看看能否熬出重要的收獲。

太陽：希望我的光可以跳躍，跳過任何不想見我的人。

月亮：做為專業職人，需要想得更多，除了直說想法⋯⋯

【第四幕】

脆弱、空虛、空無、自大、自戀，哪一種才是人的受苦呢？這些是講得清楚的問題嗎？或它們是問題嗎？是誰後來說它們是問題呢？依據什麼權利說的？或者就算大家都不說，它們就不會在後來引起爭議？長大的人想要替它們命名，是為了重溫過去說不清楚的經驗，或是要標示此地不宜而避開的地名，讓以後的人生路，繞過這些地名所在？或都是自己在玩的遊戲，為了遊戲時仍有別人在旁見證，但見證人不要說太多話，來干擾受苦者難得好玩的心情？

太陽：（低頭看著兩顆流星相撞後的火花）我們是在談論精神官能症狀和人格相混合的現象嗎？

月亮：我們愈談愈細了⋯⋯就她和專業職人的互動來說，

我想到一位職人麥克巴林的說法，做為觀察內在心智結構的焦點。他將心智世界分成三區塊，一是矛盾衝突的區塊，屬於伊底帕斯情結的精神官能症領域。二是有某種難以言說的空洞感，命名為「基本的謬誤」，好像生下來就有某種零件缺失，這是缺失和匱乏的區塊，並不屬於矛盾衝突的領域。（有兩顆流星來道別，月亮在安慰其中一顆，這是沒有後會有期的離別。）三是某種深沈的創造區塊，有某種內在力量推動著創造力，和其他人無關，這是人的自戀區塊，是創造力的泉源。

太陽：這三種分類的用意是什麼？

月亮：替外顯症狀和性格的混合現象，從內在心理世界加以分類，讓大家想像外顯現象的不同。簡單的說，一是屬於精神官能症的層次，例如憂鬱、焦慮、恐慌、解離等，和專業職人一起工作時，顯現的是克制、節制和壓抑。（月亮已經不想再曖昧了，覺得要坦然。）二是屬於心理的空洞感，人際上顯現匱乏感，沒有東西能塞滿她的匱乏和空洞感，是屬於「前伊底帕斯情結」的現象。三是自戀區塊，是巴林延續佛洛伊德對於自戀的說法，某種要把自己延續下去，而需要創造的過程，這是難以用言語直接觸及的領域。

很嚴肅卻抽象的說法，根本抓不著邊，這是位於人心什麼地方啊？實在跟不上呢，卻不好意思打斷月亮的說

法。先喘一口氣吧，聽起來它們還要再說下去呢！

先叫歌隊來唱一首詩吧：

路過小時候的故事
有人擅自宣佈
每個人
一定要從小
開始長大
惹到一隻綠繡眼
從土芭樂樹葉間飛出來
每個人
一定要從小
開始長大
惹到一隻綠繡眼
從土芭樂樹葉間飛出來

太陽：（太陽等歌隊走到舞台左上角後才開口）說得有些抽象，和專業職人一起工作時，會是什麼樣子呢？
月亮：複雜的感受，就從簡單的現象說起吧！根據專業職人的經驗，第一區塊是以種種矛盾衝突為主，強調她在極力忍耐下不得不反擊。對專業職人的感受來說，大略覺得她的某種穩定度，也有某種忍受和壓抑感。相對

於第二區塊的匱乏，讓專業職人覺得要給她什麼，不然這段關係就會崩解，至於是即刻崩解或是可以延緩的分段式，如光譜般有不同程度。（停頓了一會兒，因為太陽分心看向另一方的虛空。）愈讓專業職人覺得，隨時就會翻臉而崩解關係，是愈原始的創傷所致……

太陽：兩者混合在一起，你曾這麼說嗎？

月亮：是這樣沒錯，相對於第一區塊呈現出來的問題，第二區塊的問題常引起專業職人更大的情緒波動，更挑動人的原始情緒感受，對於工作架構的破壞力更大，更難維持一起工作。（月亮看看太陽，怕它跟不上這種說法，太陽點點頭，月亮繼續說。）他們對專業職人的期待更大更難被滿足，挫折的情緒波動是更大震幅。不過這是相對的。

太陽：你從專業職人的反應，做為區分的方式，太主觀了吧？

是有些奇怪的說法，僅憑自己的感受，來判斷另一個人內心裡，無法說出來的是什麼。不過，仔細想想，人和人之間的了解是怎麼來的呢？除了交談的故事外，不就是兩個人的感受在交流嗎？

月亮：難以避免主觀，畢竟就是要探索主觀的領域。並

非專業職人一定對，並非如此，但這些區分，對專業職人的技術，將產生重要的分野。第一區塊的矛盾衝突，較可能使用言語溝通來想像並達成某種了解，進而有舉一反三的連鎖效應。

太陽：等等，這是什麼意思？

月亮：嗯，這些被假設是伊底帕斯情結相關的矛盾衝突，可以使用語言溝通的區塊，可以藉由語言的交流，包括詮釋來處理。但是第二區塊所呈現的問題，難以使用成人的語言來溝通，大都是以行動來展現這區塊裡的問題。

太陽：這又是什麼意思呢？

月亮：（月亮轉了轉雙眼）如果語言，像是你的光，可以穿透人情世故，但總有你的光到不了的地方啊！

太陽：我還是會好奇，想轉個彎繞去看看。

月亮：嗯，這也是人在使用語言時的心情吧？會覺得怎麼說不清、講不透呢？想說得更用力，但就是有一些東西，閃身的技術比語言到達的還要更快啊。變成有說了，但還是空空的感覺，什麼都是白說，多說的。

太陽：是這樣喔？

月亮：是的，包括我的心。（月亮來不及害羞，又繼續說）這時候，專業職人需要更多的忍受和想像，若是依靠語言很快發揮效用，反而帶來更多的挫折。大部分個案是這兩個層次的現象，以不同比例的成份存在，而成

為某人的特色。

大陽：那是在等什麼呢？

月亮：太難回答的問題，這群職人一直在思索吧？（它也陷在苦思裡，想著害羞是必要的？）

哇，這場無法在舞台表演的劇本，各位能夠看到這裡是不容易的事。有語言的迷障卻想要說清楚，如果使用簡單的事例，卻又扁平化了思考的養份。需要在語言的重複打轉裡，形成心理學的深度和厚度，不然只要在有負面想法時，就出現正面想法就好了。但這樣就夠了嗎？

太陽：嗯，這群專業職人在創造另一種神話呢！以前希臘人看著天空，創造了你和我，我們就這樣被流傳著。

月亮：是這樣啊。（很高興的表情）

太陽：看著眼前的人，說著很久很久以前的故事，這群職人現在看著我幾千萬光年前的熱情呢！

月亮：（更肯定的表情）是這樣啊！

太陽：這群專業職人鑽進別人心裡不可見的地方，看著眼前個案創造了另一種神話，我預祝這些神話可以流傳下去，哈。

月亮：你為什麼笑呢？

大陽：（想了一會兒）因為只有你和我知道，千百年後

這些專業職人的神話，會成什麼樣貌？人卻早就死過好幾百代了啊，我說的話，別人會聽得懂嗎？

月亮：可以透過相傳下來的直覺和想像，再加上推論，來了解和想像你說的話啦。

太陽：嗯，不過你剛說的，第三區塊的創造，是什麼意思呢？

月亮：看來你是對我說的故事有興趣。

太陽：因為是神話，所以有些貼切感。（盯著月亮看）雖然我擔心看的人誤會我們，認為我們說這些專業職人是在說神話，是否是攻擊他們？這跟建造太空船來找我們的，是不同派別的人。

月亮：不必擔心啦，爭議不會消失的。就算是高科技打造的高級房車，要在人建造的街頭上開跑，還是有取名神話英雄的啊！

感謝陪同月亮和太陽看到這裡的人，接下來依然沒有高潮的劇情，只有冷冷的語言。有時候，我們會覺得這些語言在冷笑，讓我們想起在語言之外，情感何在呢？字裡行間或語言之外？

合唱：

路過小時候的故事
沒有風的時候
鼓起勇氣
吹跌倒後唉嘆的口氣
不是為了走路有風
而是見證自己
仍然有心轉大人
一群麻雀飛著吱吱叫
在尋常的午後
沒有風的時候
鼓起勇氣
吹跌倒後唉嘆的口氣

太陽：嗯，看來是這樣。（肯定的態度）他們的爭議不必然會真的相互撲滅對方。

月亮：不少事情是勢不兩立，（沈思著，剛剛有四顆流星，一路在爭吵，其中一顆還差點撞到它。）例如某些宗教或政治傾向之間，觸及了巴林所說的第三區塊裡，某種只要伸張自己，讓自己延續下去的創造力，源源不絕地發揮的動力。

太陽：你說過這種動力，像是我的光，源源不絕的熱力

投射出來。

月亮：自戀區塊的說法，是可能被質疑的，因為指向更無法言說，語言無法抵達的地方。

太陽：這是什麼意思？

月亮：就像建造太空船的人，想要直接接觸你，想要降落在你的地方，難之又難啊！比要降落在我這裡更困難。（看著太陽的下巴，有一顆小流星撞進去）專業職人不放棄尋找語言，打造想像的世界，也許只有詩的語言，是最能接近你的太空船吧？試圖接近言語無法直接觸及，但又有什麼話想說的地方。

太陽：那不是說得清楚的地方，是來自於無法言喻，或那是不可思議的所在。

月亮：是啊，也許臨床上不見得直接用得上，不過，仍需要這些想像，讓人們對於未知有所定位，做為往深處走的準備。有人說這種創造力，早在佛洛伊德創造精神分析早期就存在了，例如一位佛洛伊德的學生，叫做費倫齊，他在技術上和佛洛伊德有不少爭議，但他沒有離開這個領域，仍持續有對話。

太陽：費倫齊有什麼特異的地方嗎？（太陽伸伸手腳，這場談話進行的頗久了。）

佛洛伊德確實對詩人有過美言，表彰詩人有能力觸及人性難言的所在，更甚於精神分析師的能耐。佛洛伊德不

是謙虛才這麼說，現在來解讀應不是指所有詩人，而是指某些詩人有這種能耐。

月亮：費倫齊可能早就察覺到，佛洛伊德在技術上的難題，尤其是對於很退化的現象，應該也有在佛洛伊德的案例裡，只是費倫齊嘗試的主動方法，是走得太快了，和個案之間出現了太多踰越界線的關係。

太陽：是喔。（看向合唱團裡，有一朵花嘗試要踢走冷風。）

合唱：

路過小時候的故事

抬起右腳

踢走一波冷風

五朵花

從小就咬緊牙根

對春天莫名的忠誠

今天起不再三心二意

硬要出頭

堅持

抬起右腳

踢走一波冷風

月亮：嗯，後來，另一位奇才的專業職人葛林提過，早期專業職人間溝通的開始，常是區分精神官能症或精神病。後來專業職人間的對話，漸漸改為區分精神官能症或邊緣型。這是緩慢的改變過程。

太陽：巴林試圖描繪的第三區塊裡的動力，是起源於自戀的創造，透過臨床經驗做打底的互動，讓創造有了舞台可以想像和觀察。

月亮：就像你和我在這舞台上談話，我們也在被觀察啊。

太陽：怎麼啦，你是想說老話，為什麼你和我不能在一起，並生下小孩嗎？

月亮：是啦，不過，不是你和我能完全作主，需要有人幫我們創造神話才做得到啊。（這有曖昧嗎？或者直白清澈如水？）

太陽：好吧，就慢慢等，看哪一天，有人想到這件事，白天和黑夜可以共存，太陽和月亮可以一起手牽手的神話。

月亮：不要急啊，你好像要下結論了，我還有話要說啊⋯⋯

【第五幕】

　　說著百年以後會成為神話的故事，以脆弱、空虛、空無、自大、自戀，佔據著某個地盤，無法否認的是，長大後，它們都是受苦者，或是讓人受苦的所在。找人說說話，可以認識這些地盤的風景嗎？或者只是在受苦裡，有人在說話，有人在聽話，讓受苦可以撐過去，只要撐得住苦，一切有言無言的創意，都有機會出來人生一場，成為人生如一場夢的事件？我們現在就把人生，當作只是顯夢的畫面，是濃縮和取代後的語詞和景象。

獨唱：

路過小時候的故事
一片落葉知道
秋天
就在隔壁村子
一片落葉知道
一滴雨水
能夠讓我們想到
柚子的白花香
誘捕多少枚魚尾紋
一片落葉知道

秋天

月亮：跳開來談談我們看見的現象，好不好？

太陽：好啊，我猜你大概想談，這個時代，人的虛空和兩極化吧？這都是因為人的曖昧嗎？（說得很坦然）

月亮：你這麼直接說了，讓我無法隨意轉話題了，是啊，跟我們先前談的話題有些關聯......

太陽：怎麼啦，我看你臉紅了。是在關聯裡慢慢拼貼一些想法？（天上的曖昧或臉紅，跟人間還是不同的。雖然人想出神話，但是神話夠聰明，也會走自己的路。）

月亮：就像光以什麼方式抵達人的臉上，有粒子說、放射線說、或能量說。我是在想像，人的心理之間是如何連結的？（佛洛伊德借助神話來說明人心，不過月亮也可以顛倒來想。）

太陽：還好，我不必管自己是如何抵達地球的，反正對我來說，就是一種自然啊。

月亮：人和人之間心理的交流，有人覺得是自然，不過也可以是想像的，例如，專業職人比昂說的連結理論，以及我曾聽朋友在上課時說過，一種虛線般的連結......

太陽：嗯，實線和虛線的連結，有意思的想法......（它顯然還不是很了解這是什麼意思？）

月亮：虛線連結是象徵現象間有連結，實線如同一條大馬路直通到另一個地方，是可以走到對方的所在，卻是

透過若隱若現的路線。

太陽：為什麼不直接造路，要這樣子呢？虛線或實線，哪一條比較曖昧呢？

月亮：不是那麼具象啦，當人說了解自己或別人，是什麼意思？是透過了什麼達成了解的感受呢？

太陽：你是說了解是種連結，虛線般的連結，構成了解的感受？

有些抽象吧？這麼高度文明的對話，如果要列出十大日常抽象用語，「了解」這兩個字大概名列其中吧！

月亮：可以這麼說，實線連結可能被誤解為，人之間或事之間有關係時，就是一種具體明顯的連結，（有些流星跟它哭訴，來不及準備離家，但是只說了這句就消失了。）而虛線，除了若隱若現外，意味著需要很多建構和填充，才有可能構成直接快速的連結。

太陽：我用一個比喻來說，虛線的連結像現代化城市的地圖，畫出規劃中的鐵路，還需要穿過複雜地形，或者需要撥開路上的雜草，往某方向行走的路程。

月亮：嗯，這比喻不錯。只能用比喻，來談人和人之間很神秘的愛和恨的途徑。愛是連結，恨也是連結，前面說過的，她和母親間的連結，可說是心裡經歷了千山萬

水的起伏，然後碰面在一起，卻又很難確定是否要有連結？一條虛線般的關係，不能說沒有關係，卻不是明明白白的模樣。

太陽：（太陽不了解千山萬水是什麼意思）你說這連結要連到哪裡去呢？

月亮：專業職人是發現，來找他們談的人，透過故事彎彎曲曲，最後走到的所在是虛空感，如同巴林所說的第二區塊裡的問題，有些是憂鬱。當代人常以「憂鬱」做為主訴，不過，這個小島上的人，從以前說不清楚感受，到可以說好像有顆大石壓在胸口的感覺，（說著竟吐了一大口氣，害得三顆流星，被吹得偏離軌道。）走到現在，人們是直接說自己憂鬱，這可是經過了二三十年的打拼呢！

太陽：好像另有一段故事，但是直接使用「憂鬱」這兩個字，就比較好嗎？

月亮：嗯，還要再觀察吧，以前說自己憂鬱會被當作懶惰，因此很難說出口來連結身體和心理間的複雜關係。

太陽：（更有了解的模樣）所以時代和診療室裡，有類似的現象，虛空和兩極化，兩者都曖昧不明？

月亮：是，是啊。看起來是這樣，例如，有人說美國總統川普可以選得上，是這種現象的展現，在虛空和兩極化情況下，川普做為一種現象，自然呈現彎彎曲曲的虛線把這些串起來，川普是被串起來的頂端，不是拿著這

串線頭的人。

是喔，可以這樣聯想喔，把川普都拉進來了。不過，出現兩方人馬激烈的攻防叫陣，就是這樣吧。但又能怎麼樣呢？事情不是依然這樣發生。

合唱：

路過小時候的故事
浮雲兩朵
在田旁小溪裡踏青
一朵漂浪找尋人生意義
一朵正經翻著落頁的字典
納悶花的部首上
那棵不愛說話
多年生的草
如何長出別人的夢想
浮雲兩朵
在田旁小溪裡踏青

太陽：那麼，誰是拿線頭的人呢？
月亮：（微笑地點頭）這是重點了，由於只見曲折的虛

線，中間佈滿雜草訊息，讓人們，甚至你和我，也難一下就看清楚。

太陽：你說說看啊。

月亮：（深情地看著太陽）依稀可以看見虛空，以「憂鬱」做為說詞，讓「憂鬱」這詞變得很寬廣，結果反而難以辨識了。如蔡榮裕在劇本〈憂鬱的空洞裡，誰在沈睡〉（《憂鬱幾顆洋蔥？精神分析想說》，無境文化，2017)描繪的空洞裡的性和攻擊，空洞是很複雜的空，不只是佛洛伊德在《哀悼與憂鬱》所描繪的那種空洞讓人的能量歸於零。

太陽：跟目前所見的，有何不同呢？

月亮：（手指向前方的虛空）對我們而言，虛空是無限可能性，但對人來說，目前所見的虛空和兩極化，可不是安靜坐著等待死亡，而是不斷地要活下去，顯得相當不安的活絡。也許佛洛伊德描繪的是，另一群安靜走進死亡的心理狀態，只是目前所見的，還有更多是前面所說的不安。

太陽：專業職人認為這時代有虛空和兩極化的傾向？

月亮：是啊，這種空虛的空洞，不是安靜的，而是不安的。每個決定後都是跳進有死亡況味的處境，不致於真的死，而是仍巧妙給自己和別人一些餘地，但總是聞起來有衰敗的味道。

太陽：不安的空洞感是空洞，卻塞滿了恐慌焦慮，不斷

地找出路，卻又要塞很多東西進去爆滿的空洞。這說法有些矛盾，既然空洞，怎麼會是爆滿呢？（顯得不安）

月亮：是如此啊，乍看很難理解，偏偏是這樣子，才要找一堆話來說清楚啊。

太陽：嗯。

月亮：（看著太陽的不安，月亮緩和了說話的速度。）充滿緊張的關係，容不下其它東西，卻覺得匱乏，想要更多，不只如此，更大難題在於更原始的兩極化。

太陽：兩極化，怎麼回事呢？

月亮：嗯，我正要說明。

太陽：好啊，很明白的三個字，卻看得不清不楚。（得意自己這麼說）

月亮：這是很原始的心理反應，假設生命早期的創傷，人為了活下去而發展出來的適應方式，讓好壞善惡以極端方式並行存在，而處在兩極點的中間地間很狹小。

太陽：這樣的兩極化，雙方只要伸手，就會碰到對方而有衝突。

月亮：嗯，就是這樣子，常被誤解為可以理解、可以語言描述的衝突。

太陽：你的意思是，他們可以說出來的衝突，大都只是小兵小卒，不是真正的發動者？

跳得有些快，總不能只因時間快到終場了，就說得這般

跳躍啊。這些衝突和小兵小卒以及背後的發動者，是什麼意思呢？

合唱：

路過小時候的故事
大明愛小月羞羞臉
一首不知道意思的歌
爬過三顆乳牙
吹打的漏風
有三種以上的唱法
還有一陣不管別人心情的
雨水
有八隻手可以彈奏
麻雀在交接記憶的故事
替傍晚婉轉留下
大明愛小月羞羞臉
大明愛小月羞羞臉

月亮：（站起身）太好了，是這樣子，生活小事像是小兵小卒的矛盾，解決這些矛盾，並無法化解潛在的兩極化，那是大將在內心深處所發動的。表面上是清楚的二分法，當事者難以察覺，因為涉及了深處難以語言觸及

的領域。這麼說很神秘化……

太陽：對熟悉神話的人來說也還好吧？

月亮：（身體靠著暗黑的虛空帶而站著）這是不容易說清楚並被了解的所在。這種氛圍讓兩極化的選舉，誕生了某些政治人物，這是結果，是時代讓兩極化的某端出線。在以前這是難以集結，但目前透過網路，是可以輕易串連而產生力量。

太陽：因此每次集結時的內容，都是兩極化的答案？

月亮：是這種現象。辯論所提出的方案內容，或許是屬於最進步的想法，卻忽略了潛在裡集體投射出，只站在二分法的一端，「理想」或者「不理想」，類似個案在診療室裡的現象。只是這些說法要對大眾說，尤其是在爭議時說，幾乎是無效的。

太陽：沒有人願意聽這些說法？（這些說法已經超過太陽以光明的眼光可以理解的）

月亮：是啊，這證明了兩極化的現象，並沒有一般想像的那麼清楚。

太陽：這是因為集結數量在自己這邊，變成更重要的事。

月亮：非友即敵的版本重複出現，都可以找到美好的理由支撐自己的一方，雖然兩極化動員的結果，常是衰敗的況味。

太陽：以前就有這些現象了吧，雖然當初創造出我們的

神話，並不是非黑即白。

月亮：你的故事最多樣了啦。（月亮仍會臉紅）

太陽：哈，我是被創造成這樣子啦。我是光線的來源，但神話寫出我的一些陰影。

月亮：我只是依據專業職人的說法來推論，至於何以這個年代是這樣子，以後又會走向何方，專業職人的說法就很謹慎了。

太陽：（還是給所有困惑有個出路）總有想法和做法吧，至少讓這種情況有出路。

月亮：是有一些想法啦，從每天工作的體驗裡，推衍出來的想法，例如，有人說要有過渡地帶，讓中間有更大的曖昧地域，兩端碰撞的危機就會減少，但無法完全消除兩極化，就像地球一定有南極和北極。

哇，地球的南北兩極都被搬出來了，這是地球的榮幸或不安呢？

獨唱：

路過小時候的故事
為了讓小站站長
可以在花蕊上
愛說笑

一朵小花

出頭天

靜靜回想

昨天上弦的月亮

踩在頭上

編織一場蜘蛛網的夢

為了讓小站站長

可以在花蕊上

愛說笑

太陽：（伸手想牽月亮）所以兩極化會一直存在？

月亮：（並未將手伸出去）人的命運吧！人從小長大，不是生下來就是獨立生活的大人。大人總是有不足的地方，無法隨時滿足小孩的需求，這是或大或小的創傷起源，愈早期愈會以兩極化來對待自己和別人。

太陽：命運，是個奇怪的說法。（放下伸出去的手）

月亮：社會就是所有人和人性的集結，文明也無法完全宰制這些，如佛洛伊德所說的，文明之下仍有不滿存在。文明也是某種壓迫，使得潛在弱勢的不滿就愈強大。

太陽：這是一直存在的現象，只是最近更被外顯出來。

月亮：不是要病理化社會，是試圖做平行比對，想想一些事。我聽過專業職人很謹慎的口氣說，對社會國家現

象所做的分析，懷疑會有多大效用？雖然他們依循佛洛伊德，對診療室外的現象提供他們的想法，如果談得太深細，勢必會冒犯人，而遭遇強烈阻抗。

太陽：（困惑的光線射向未來）他們不認為自己說的一定對？

月亮：提供不同想法，尤其是言語難以觸及的地帶，會遭遇阻抗，不過這些專業職人不會放棄提供想法，但是會愈來愈有經驗，尤其是如何對話。

太陽：不再一下子說太深細，讓人覺得被冒犯？

月亮：這是我的建議呢！既然已知必然會被阻抗，如果要溝通，就要想得更深細。

太陽：（踏上金馬車，準備出發）這很重要的。

月亮：（留在原地，向一群路過的流星揮手）我們這些對話不是神話，是對現實說些話吧！新神話在醞釀中……

合唱：

路過小時候的故事
突然想飛成
隨著氣旋升降的老鷹
讓皮膚起難皮疙瘩的
不再是當年的冷風
而是聽到後來的故事

想起了
屋簷陰影下
從前一隻單腳站立的公雞
從睡夢裡驚醒
突然想飛成
隨著氣旋升降的老鷹

初稿完成2018.05.24
定稿再校完成於2020.04.28

路過小時候的故事

曾經美麗過

一句話背著自己的銅像

踩著臉上緊繃的多愁善感

出力撐起舌頭

兩山間架起長橋

讓迷霧

來來往往

吞吐不堪落寞的夢想

是否還有誰

正磨練吃苦的喉音

準備出門流浪

叫賣一首詩的尾音

「有夢想」

是精神分析最曖昧的境界嗎？

無可了解 / 無可確定 / 無可撫慰

他這麼說，「不是躺在床上當廢人，就是出門做事滿足他人。」

他什麼都有，卻一無所有；什麼都不缺，卻一無所得；什麼都勝利了，卻一無所成；什麼都成功了，卻一無所獲。

不論是焦慮、不安、恐慌、性倒錯和戀物等症狀，都是試圖在餘生裡尋找餘地嗎？或者，這些都是愛恨糾纏的曖昧、生死難分難解的曖昧、心身二元對立的曖昧、以及性和攻擊的曖昧未明的人生？除了曖昧，還有其它的出路嗎？

想著不如死去卻也沒有不想活，活下來後，還要生活，生活卻反而比生存還難熬。拼命為了生存而活下來，卻不知道如何在日常生活裡慢慢活著，這是人生未明的曖昧。

「潛移默化」是種曖昧，如何再說清楚它是什麼呢？

上述各種現象，是指什麼人生的實情呢？實在很難以幾句話說清楚。乍聽上面描述的情境，相信很多人會覺得有些感傷，或感受到生命的荒涼，或有人會想到卡夫卡在小說《蛻變》（The Metamorphosis）裡，那位上班族在某個早上醒來時，突然變成了一隻難以描述清楚的蟲，有人直說是甲蟲，或某種不知名的昆蟲，是否那就是一隻藏著廢人心情的蟲，在他的心思裡爬行了無數年？那麼，這些是什麼心思呢？是可以被了解的心思嗎？可以確定那是什麼心思嗎？從人到蟲，只是一夜之間，睡個覺的距離嗎？那有多遠呢？或者很近，只是一直被忽略？有什麼可以撫慰這種心思嗎？是要撫慰什麼呢？可以在廢人的盔甲上，以撫摸傳達著安慰嗎？

　　我們的話語被說出來後，能夠安然抵達盔甲的所在嗎？是不是有神話中的那種火龍，鎮守著這種廢人的心思呢？畢竟，它是人類文明史裡不曾消失過的心思，足以做為心思博物館裡的鎮館寶物。

　　本文是篇通論，藉用談論「團體心理治療」的內容，做為本書以「廢人與曖昧」為主題時的補充，但本文所提出的觀察和論點，也可以嘗試運用於其它主題的基本態度。目前已有眾多文獻，討論精神分析者的基本態度，但我嘗試運用現有概念來重新架構它們。

起風了三態度

　　在建構和談論「起風了團體心理治療」[1]的手冊裡，我談到了以「起風了三態度」做為面對或想像UCS（潛意識）的三種態度，分別是：un-known, un-certainty, un-consoled。我想了一段時間，就暫譯為：「無可了解、無可確定、無可撫慰」。何以用「無可」？這是假設我們總會想要做些、說些什麼，但是最後卻都是「無可」如何。

　　我無法確定，是否UCS就只是種廢人的心情？我也無法真的說清楚、說完全，什麼是廢人的心情？只是常從某些個案的口中聽到這句話，他們之間有些共通點，但也有明顯的相異處。共通點是他們的創傷經驗裡，混雜著失落感，他們失去了如何說那些經驗的話語，甚至連要如何描述，都是一項重大的語言工程，需要藉著大量的語言和故事，來撐住一個巨大的空洞，讓那個空洞不會倒塌下來。畢竟空洞倒塌下來，是比空洞感還更令人恐懼的事件，因為那些是恐懼和焦慮；或只是某種複雜無比，卻只想當個廢人的心情呢？這麼說仍是簡化了實情，使得這幾個語詞，都被塞滿了有名稱和無法描述的經驗，或者失聯後再也找不到自己名字的情況。是否他

---

[1]「起風了團體心理治療」是松德院區心身醫學科和一般精神科，預計在2020年年中要成立的精神官能症治療模式——《起風了創傷與精神分析官能症》的團體心理治療模式。由於新冠疫情的緣故而延後，等待啟動中。

們後來的人生，都只是為了替當年失去和獲得的那些經驗，找出它們的名字並拼湊在一起？畢竟在記憶大海裡，它們被沖散後，讓名字和經驗失聯了。也許有人會以比昂說的，被「死亡本能」攻擊的連結，來想像這種失聯，我不排斥這種想法，但也不想認為就只是這樣子而已。

因此，他們後來的人生，是一路在尋找這些失聯的名稱嗎？這涉及了人在追尋什麼？更精細的問法是，人的人生在追尋什麼呢？只是這種問法裡，難道是在指出人另有不是人生的部分嗎？好像只是語詞的詭辯，但我對這疑問卻仍想保留著，再想一想它可能是指著什麼？不過，本篇文章是想要談論，人的人生在追尋什麼嗎？

我引用以前的說法，「當好友橫光利一在1947年過世時，日本小說家川端康成哀痛地發表了悼文，說到：『從此就是餘生……』。人是什麼時候才開始『餘生』呢？是生下來不久，開始經驗客體的來來去去，就開始『餘生』？或直到後來焦慮出現了，『餘生』的概念開始不再那麼公開出場？……

因此如何在『餘生』的荒涼裡，有『餘地』活著，並且活下去呢？或者這早就顯現在診療室裡了，對於任何治療師來說，不論有多少經驗，在日常工作裡面臨著，帶著前次離開時的失落，再返回診療室的個案，帶回來的是怎樣的餘生經驗呢？這樣來來回回的經驗裡，

濃縮了多少他們的人生浩劫呢？是否每次說出來的任何話題，不論是焦慮、不安、恐慌、性倒錯和戀物等，都是試圖在餘生裡尋找餘地呢？」（取自《生命荒涼所在，還有什麼？》第十五章，無境文化，2020）

以診療室裡的創傷個案來說，什麼是造成早年創傷的原因，仍是值得一再想像和建構的課題。其中一條重要的線索是，失去和失落所帶來的效應。佛洛伊德在《克制、症狀和焦慮》的附錄三裡提到，對於失落和苦痛的探索仍不夠，後來比昂則是直接提及，精神分析診療室裡的重要課題之一是「受苦」。這個命題是否如前述的，要在失落的餘生裡尋找餘地，來建構自己的過去、現在和未來？這個命題對於以焦慮和歇斯底里等論述為主的古典精神分析，會構成挑戰嗎？或只是站在前人的肩膀上，再看看另一個世界？或與失落相關的「憂鬱」和「苦痛」，是另一個全新命題？我認為都有可能，主要的取決點是在於，我們如何看待歷史，尤其是精神分析史裡已有的後設心理學。

我是主張，要一步一步，站在前人的肩膀上，開展新的說法和做法，畢竟精神分析的開展史裡，相對於豐富的「焦慮」論述，「失落」和「苦痛」被忽略，是一件奇怪的事，不過，不同的治療師會有不同程度、不同方式去運用歷史訊息。我想這是一個待開發，值得被創意回應的方向，當精神分析的後設心理學，是人類文明

史裡重要的文明資產後，新視野的開發就更形重要了。

不滿的餘緒，它的命運是什麼呢？

臨床上出現的各式症狀，除了生物學的理由外，如果從心理學的角度來想像，多多少少是如佛洛伊德觀察到的，自己的孫子在母親外出時，孫子玩著線圈來來回回拉的遊戲，佛洛伊德讚嘆，這是文明的舉動。對於母親不在時的失落，所創造的文明行為，及小孩因此而吵鬧恐慌，兩者是很不同的現象。如果採取類比方式來想像，「症狀」，某種程度一如遊戲，具有處理心理困局的重要性，如同外來物細菌進入身體後，出現系列的防衛機制，來處理這些干擾，結果會出現各式的發炎樣貌。

精神的「症狀」是如同心理機制裡，面對各式內外在的干擾後，所產生的防衛而引發的反應現象。那麼我們的科學焦點，是需要花更多的注意力，對於潛在的各式心理防衛機制，再細緻觀察和描繪，那是各式防衛機制合作後的成果，其中有失敗的，也有成功的，進而構成了「症狀」出現的樣貌。

我相信精神分析從佛洛伊德以降，想要觀察想像和接觸的，不只是這些如遊戲或症狀產生過程裡蘊含的文明而已，而是在於文明雖然重要，但也有它的併發症需要被觀察。佛洛伊德曾提出昇華的機制和《文明及其不

滿》裡，其所展現的文明侷限及併發症。精神分析的焦點，除了放在文明和防衛機制的產生過程外，也對於在這些機制下，是否仍然有存在著不滿？也就是不滿的餘緒，它的命運是什麼？這也是精神分析的重點——文明化後的種種不滿。以失落的創傷來說，是歷經心理文明的處理後，那些不滿的餘緒，而那是什麼呢？人的心理是存在著，有了光明後，黑暗沒有不見，而是某些暗黑變得更暗，是更難以觸及的領域。雖然可以用「不滿」來代表這領域所呈現的現象，不過這種「不滿」，不是意識可以察覺，而是以各式樣貌和象徵呈現出來，這些是能夠被描述、被了解、被確定或被撫慰的嗎？

　　進一步談論前述命題前，我先回到「夢」這件事。常聽人說「追夢」，真的有這件事嗎？我是指「追夢」這件事，是一般常說的追求夢想，或果真吐露出人生最困難的課題：「人生如幻夢」。因此，追夢的另一面是在傳遞，最終都只是一場夢？雖然人生是一場夢的說法，只是採用了夢被運用的多種功能裡的其中一種。

　　我先從《夢的解析》來談「人生追夢」這件事。臨床上，夢的處理策略是什麼呢？診療室裡分析個案的夢，能夠找出某個夢的最終答案嗎？能夠完整復原夢原本的模樣嗎？就臨床經驗來說，佛洛伊德在《夢的解析》後，補充夢的臨床經驗時提及，就算在連續的幾次會談裡，針對某個夢做詳細分析，也無法完整分析討論

這個夢。因此他提議，談過了就讓它過去，如果有重要的訊息未被呈現，那麼會有另一個夢來說話。

佛洛伊德這個臨床技術的態度，在現今的臨床上仍是適用的，只是這種從臨床實作經驗所累積出來的技術和態度，告訴我們的是，儘管有著完美和理想化的期待，想從某個夢裡探索和獲知人性深處傳來的訊息，由於時間的限制、探索方式的限制、我們的記憶的限制、以及對於辛苦探索過程忍受程度的限制，因此對於夢的臨床探索，是有它的侷限性。處理夢，只能存有「過去了就過去了」的無奈，還達不到「解脫」這類高度有境界的狀態，也可以說，人一直在追夢，是取其「夢想」之意，強調未來想要達成的部分，這就是「想像」，但是變成「夢想」，是否也隱含著它的不可追尋，或最終是如一場夢？這是語言的雙重防衛，一是有未來的進取，但也有未來如夢消逝的意味嗎？

另外，也常聽說的，「人生如夢」，解讀之一是在人生的最後感嘆，或者，徹底的體會到這種「如夢」的深意是指「什麼都沒有了」？也就是，一般說的「生不帶來、死不帶去」，「空手來、空手去」？這裡的「如夢」被賦予了生活經驗的描繪，這些日常說法有我們在地文化因子的影響，尤其是佛禪宗的某些教晦；我們如何引用來自精神分析的語彙做為交會，讓日常生活的經驗和診療室裡的經驗可以相互豐富？不過，這並非意味

著，要引進佛禪宗的修行方式，一如我們引進「伊底帕斯情結」的概念，並非就是以文學家的寫作模式，來做為精神分析的核心技術。

值得觀察和想像的是，精神分析取向者之間的差異和爭論，有多少是純粹來自精神分析的理論和技術？可不可能是受到在地文化因子的不同影響和感受而引發，卻以為是精神分析理論和技術為主的爭議？

三種「無可」，並非要取代分析的態度或中立的態度

我試著從夢的處理結果，來談三種態度；所謂「態度」，是指在分析或治療的過程裡，治療師的內心基礎，所呈現出來的某種氣氛。當佛洛伊德在診療室裡，對於夢的分析有了更多經驗後，如前所述，他做出的某些修正，表示不必然要針對某個夢，不斷在不同的會談裡緊追著，去探索和分析那個夢，這是意味著，人藉助夢來表達真正想法的方式，不會因為先前某個夢尚未完整細緻的分析，之後就不再有其它夢來表達雷同的情況。我們甚至相信，某個夢在這次被分析後，如果是依循著每次談論多少就是多少，就那樣讓它走了，這種態度是反映著，我前述的常用語「空手來、空手去」。

我先化約精神分析史裡，前人的某些重要貢獻來做對話。我以無可了解（unknown）、無可確定（uncertainty）和無可撫慰（unconsoled），做為思索的

起點之一。

　　以「夢」出現在每次會談裡的討論為例，雖然可以有部分的了解，但是會談時間到了，就得停止對夢的分析，卻也是反映著，就算假設人生和夢都是無窮盡的，也是無可了解、無可確定和無可撫慰。不過這並非是負面的否定，而是肯定人生的某種實情，是很殘忍的肯定語，因此需要一些說明，來呈現人生如夢的實情，這是某種洞見，可以讓人仍然有創意地活下去，而不是被表面的說法，拉進虛無裡。

　　在松德院區《創傷與精神官能症》的團體心理治療裡，我們提出了《起風了三態度》：無可了解（unknown）、無可確定（uncertainty）和無可撫慰（unconsoled），這是「站在目前，看向未來」的三種基本態度。就時間軸來說，主張人的未來是無可了解、無可確定和無可撫慰的，雖是未來的時間，但它們更是在目前此時此地的態度；以臨床家來說，這三種基本態度，並不是要等到我們比較有成就了才來展現，我們要一開始即嘗試這些態度。

　　雖然已有「中立態度」或「分析態度」做為詮釋技術的基本態度，但我仍試著以「無可了解、無可確定和無可撫慰」這三種態度做為出發，體會中立和分析的態度可能是什麼？畢竟這些語詞的內容仍值得再開發。提出這三種「無可」，並非要取代分析的態度或中立的態

度所代表的某些想像和經驗，而是做為和這些傳統語詞對話的內涵，因為了解古典的術語，除了深入原本的脈絡外，如果有當代在地的語彙來跟古典語詞對話，也是我們和古典智慧互動的一種方式。這可能是很個人化的經驗，對我來說，相對於中立態度和分析態度，我雖然浸淫在精神分析語彙裡三十年了，但是「無可了解、無可確定和無可撫慰」，是我感到更貼切、更具親近感的語彙。但我無意說這三個「無可」，就足以說出精神分析探究心智世界或人性領域時，需要的所有態度。

另外，何以要將這三個「無可」當作是態度呢？我想要表達的是，做為精神分析取向的專業職人，在我們的工作傳統裡，是有著和個案一起探究潛意識的動機，並需要加以說明的工作技術和態度。不過，我不認為這三個「無可」，能夠直接化約成如何執行的技術，倒是可以反映著，要做到執行精神分析的某些技藝，例如，「詮釋」時，需要整體態度做為基礎。

雖然是有「中立態度」和「分析態度」，做為精神分析取向者的態度，不過以我自身和督導其他治療師的經驗發現，我們的傳統語彙有著不同的文化基礎，會對外來語有不同的解讀方式。也就是，我們會使用自己熟悉的系列語彙，來理解什麼是「中立態度」、什麼是「分析態度」？我以這三個「無可」，做為精神分析取向者的態度，只是嘗試說著自己理解的方式，也讓它能夠落

實到我們在地文化的脈絡裡。雖然精神分析探究的人性或心智世界，有著不同國度者的共通性，不過精神分析在世界各地，發展出不同特色和著重點，勢必是涉及不同的文化，如何吸收和解讀外來術語的進程。

畢竟在精神分析領域裡，我們只是半路進來聽個案談論他的人生故事，而理論的語彙都有它們長遠的故事，因此我無法確定，同一語詞被解讀的相異處，是否只是為了擺脫那些共通的地方，只因仍有著強大的聲音，要和他人有所不同，要做個真正的自己，是這些聲音，讓它們之間有著相互矛盾，卻並行存在的現象。

關於無可確定和無可了解，等待新發現

不論是否是精神分析取向的治療，一般常見的是，把「認識自己」當作是治療的重要目標之一，這是指希望藉由心理治療，讓自己知道自己是怎麼樣的一個人，但人可能是多重性的，所以需要不斷地發現自己？這也是不少人會納悶的地方，覺得別人硬說他是什麼樣的人，但他不認為那是自己，但不少人卻都有相同的說法，使他很困惑，覺得自己很矛盾。不過一般人是不會如此想像，因為我們深知，「自己」本來就是多重的，大致會覺得那些都是自己，也許覺得有矛盾，但不太會認為自己是「多重人格」。

臨床上，會如此感受並給自己下「多重人格」診斷

者，可能是生命早年遭遇過創傷，但我們經由會談，不一定會做出「多重人格」的診斷。通常我們會發現，個案比較像是在早年創傷的過程裡，太過驚嚇，產生了很多想像，不知如何讓自己活下去，其中隱含著愛恨交織的心情，讓他們很難忍受，而需要運作原始的心理防衛——「分裂機制」，來隔離那些讓他們覺得恐怖的事。

　　一般來說，人的多樣性和多重性，是不致於讓當事者如此驚恐，至於治療的目的，是要藉由詮釋來獲知潛意識裡，想像的是什麼？或是相信，這是無止盡的探索，只因為未來是如此無可確定和無可了解，而無法做出人生的最後結論；若能了解自己是航向未知，會有更多的新發現。雖然近來，愈來愈多精神分析取向者表示，個案來診療室是為了希望有人可以了解他們，可以接受他們。對精神分析取向者來說，了解個案和接受個案，看似容易的任務，但什麼是了解呢？個案是什麼要被了解呢？他真的知道是什麼要被了解嗎？或不久後就會發現，其實是別的部分更需要被了解？不是我故意要把問題弄得很困難，但這是我們日常工作會遭遇的常情。

　　關於「自己」，精神分析在一開始時，具有的革命性說法和一般想法有所不同，一百年來，累積不少成就和論點，這些可能會讓人覺得，現有的理論已經足以了解人性了，不過，這是一種錯覺。佛洛伊德在晚年表示

的「無止盡的分析」，比昂（Bion）也直接表示，人性或心智是無可確定和無可了解，這些都是反映著實作過程的經驗。

比昂如此說，「傳遞著實作的過程裡，如果我們是抱持著無可確定感，才能讓過程以『自由』為方法，也以『自由』為目標。」不過，這並不是說，當個案一來，我們就告訴他這些話；這些並不是很容易完全了解的話，是某些經驗的累積，而了解這些，是需要能夠承受生命實情的受苦能力；偏偏這種能力不易獲得，尤其是早年經歷過失落創傷的人，為了活下來的心理防衛機制，所搭建起來的層層防衛，讓他們不易依著目前的現實，來感受眼前的情況。

畢竟，那些防衛都是在發展過程裡，依著一時的方便，以最簡便和最少受苦的方式，搭建起來的成果。隨著現實的演變，勢必是跟不上後來的現實。在佛洛伊德的經驗裡，他是主張外在現實、原我和超我，它們三者都是嚴厲的主人，而自我需要扮演著奴僕的角色。早年受創者常是自我的能力有所受損，使得後來人生的外在現實，變成是更容易嚴厲地操縱他。

另外，我們理解來自外國的理論時，需要思索的是，歐美的「做自己」或心理學方案，包括精神分析的論述和目標，是在解決他們在地環境裡，因為原本制度帶來的問題，及其所產生的防衛或解決方案，尤其是關

於個人與家，及個人與社會、國家、世界的關係，它們之間是有了問題，才會有目前市場上流行的治療和分析的方案。這會特別顯現在，什麼才是「做自己」、「做自己」的過程，以及這和家及父母的關係，他們之間需要多少的距離、責任和義務有關。

我們沒有理由全盤搬進來這些理論，做為解決我們在地問題的方案，因為每個心理學方案的背後，都有隱藏的意識型態以及價值觀，這些價值觀都是在反映著，他們原本的問題，而他們的問題是來自於，固有的文明和不文明的綜合成果。當個案宣稱要「做自己」時，這個自己有多自己呢？是自戀的展現，還是和客體之間有著多少具意義的關聯呢？這都是值得回到我們的臨床經驗來思索，但是在精神分析的大家庭裡，固有的文字和概念資產，是重要的參考和出發點。

依我們的經驗，以「自由」為軸，和以「無可確定」為軸，對治療師來說，是會帶來不同的感受，這需要能夠容忍「無可確定」所帶來的不安。在不安下，是很難有自由，因此自由和無可確定，是相輔相成的過程，甚至是治療師漫長養成過程裡的重要部分。「無可確定」的說法看似比較明確，而「自由」是什麼則更難標定，但實情上，兩者都是不容易達成的體會。當精神分析取向設定要探索潛意識時，的確需要想像一些基本技術和態度，做為過程的指引和標的。

就實作過程來說，當年佛洛伊德為了運用精神分析於更廣泛的個案群，他提出了「分析的金與暗示的銅」的模式，他並未同時多加說明，實質上是什麼？我是主張「分析的金」是以「自由聯想」和「自由飄浮的注意力」為基礎，再審慎地加上必要的「建議的銅」，但同時是以「無可確定」和「無可了解」做為治療師需要抱持的態度。如前所述，也許可以說，抱持著無可確定和無可了解的態度，才是更貼近分析的態度。

主體性的象徵變動與無可確定性

　　關於主體性和無可確定性，需要被特別強調的是，以具體情景來表達某些內在的象徵，一如佛洛伊德強調，夢是透過各種場景，來表達「嬰孩期的欲望」（infantile wish），那是很原始的欲望，卻一直是催動夢得以形成的主要驅動力。如果是深度心理學想要探究的對象，需要像形成夢般的方式，來想像和貼近那些原始的欲望。在治療的過程裡，我們所形成的聯想和描繪，只是某些象徵，代表著我們還不知情的內在欲望和動機，因此這些聯想和描繪仍得再被分析，才是走向潛意識深度心理學的皇家大道。

　　不論是主體性或無可確定性，都帶有主觀且象徵的意味，在臨床上不是以具體客觀的內容，就可以滿足於那些狀態。我們是僅守著，如何使個案能夠逐漸地體

會，所謂自己或真我的主體性；自己覺得自己是什麼樣子的主體感，是帶有無可確定性，也可以說成，它有無限的可能性，那是一直發展中的主體性，不是一般想像的，以為主體性是一種固態般的存在，好像它是硬梆梆的存在，而忽略了在實情上，主體的感受和想像，是變換中的現在進行式。但是當事者覺得這些變換，都是在「那個自己」的範疇裡。

主體性，就一個人來說，是有如憲法般的象徵意味，大家認定的憲法是不變的，可能是一些字彙或想法的不變，但它的意涵卻需要有一群大法官們，與時俱進地再詮釋或補充，或是讓後來新增的概念，得以納入原來的想法和主張裡，但不會有違背當初要保護的某些重要概念和心態。

我們假設，人的主體性，是在於覺得什麼才是自己的感受和想像，這也是不斷演變的現在進行式，但有一個是從最初就被自己認定是最重要且最核心的因子，只是這個核心因子的心理因素，依精神分析家們不斷的探索，是可以推論到還無法有說話能力之前，母嬰之間的互動，所隱隱形成的行動的記憶，而不是語詞的記憶。需要藉助語言來描繪的那些行動記憶，可能會以身體功能的變化來呈現，而後來發展出來的語言，只能一直不斷地描述它們。也就是，後來的語言能力和心理狀況，會影響著如何描述那些行動或身體的記憶，因此顯得無

可確定，而主體性和無可確定性是連動的，是互相連結的。因此，主體性雖是動態變化的現在進行式，卻不是毫無章法讓人覺得錯亂，如果有出現錯亂，可能是有其它問題的干擾。

雖然「無可確定」的存在，實情上不致如前述的毫無章法，一如總有部憲法在那裡；但潛意識世界裡的章法，和現實世界的章法，不必然是相同邏輯所形成的。意識世界的工作邏輯，是依著「現實原則」的判斷做為基礎，衡量的是現實考量的利弊得失；潛意識裡運作的邏輯是「享樂原則」，依著當時何種方式是最少受苦和最方便的方式，由此解決了當時的心理困局，然而埋伏著後來面對外在現實時，可能出現的問題和困局。人在發展過程，實際呈現出來的樣貌，都是現實世界和潛意識之間的章法相互連結、相互交流、相互生產的互動結果。

起風了七夢思

「主體性」的現在進行式，是我們採用比昂和溫尼科特（Winnicott）的論點，建構了「起風了七夢思」裡：feeling, thinking, dreaming, linking, digesting, playing, living等七項現在進行式的動詞，所展現的人性工程或主體性建構工程，也就是讓人覺得，什麼是自己、什麼是做自己的潛在心智工程。這些都涉及精神分析的重要概

念和態度，也深深影響著精神分析的技術，因此需要其它篇幅來描繪。

接下來進一步談論，無可了解、無可確定和無可撫慰，我們把這三個「無可」列為「起風了三態度」，做為臨床參考的指標。

如前所述，相較於一般熟悉的語彙，例如，鏡子般的反映態度、中立態度、客觀態度、分析的態度、不批判的態度，或比昂的「no memory, no desire」等，以這些做為臨床上對治療師的規範或指引，我們則是採用了三個「un」，unknown、uncertainty、unconsoled，做為「起風了」團體心理治療師的態度。

不過，這也是從個別心理治療師的態度，推論運用至團體心理治療師。這三種態度看似容易了解，不過是不容易做得到，是需要訓練的過程，讓我們可以逐漸處於這種狀態，而不是只有在腦海裡的概念。或者說，這是某種境界，可能是永遠難以觸及的境界，不是只依著字詞表面的說法，來了解它的困難；因此，我們如何不被困難擊垮是很重要的事，這是參考的指標，是讓治療師在心理治療的過程裡，能夠做為參考，並觀察自己的狀態。

Unknown（無可了解）：

一般是以「未知的」來理解這語詞，但是我採取用

「無可了解」，意味著在心理治療的過程，我們通常會持續不斷地努力想要了解，所以會想要找到語言來說清楚這些言語難以觸及的所在；因為如果可以說清楚，就表示我們對那些潛在的內容，是有所了解的。但我們是抱持著「不知道」和「不了解」個案，做為基本態度來進行治療，這不是說我們真的一無所知，而是需要把一些了解和知識，當作只是假設，都放在一旁，才有可能真的了解對方。

在實作的過程裡，什麼是「放在一旁」，仍需要更多的描述，甚至是，我們要不斷地維持著想要了解的態度，雖然我們所做的任何努力，最終只是讓我們體會到，「無可了解」才是最真實的人性處境。這不是說，我們就是不想了解，而是我們窮盡過程，想要有所了解，一如在治療的過程裡。但是我們最終仍需要知道，人其實是「無可了解」的，雖然一般總是希望，能明明白白地過一生，但總得保留最後仍可能是，一無所知或無可了解的人生。精神分析家比昂起初要發展格式化內在世界的座標表格（Grid），極力想要科學地了解並標記潛意識裡心理的位置，他歷經多年的努力後，才發現那是不可能的任務。

終究是要回到人性的真實場景，「無可了解」，也就是一般人說的，我們空手來到這個世界，離開的時候也是空手而去。這種態度也許是一種最終的了解，做為

我們想要了解自己和個案時的重要基礎態度；尤其在面對失落和空洞的心理狀態，就算極力讓自己依靠其它殘存的能力活下來，那個空洞終究是空洞，除非我們可以接受，這是一種了解，但這種了解是什麼呢？當面對的是空盪盪的所在......

Uncertainty（**無可確定**）：

　　一般常見的譯詞是「不確定」，我們則以「無可確定」來表示，意味著在努力尋找的過程，我們百般想要確定問題是什麼、如何解決問題，雖然我們不否認有不少人生事務是這樣，但當我們宣稱要處理那些難以想像、不可思議的人性現象或症狀時，其實是需要正視「無可確定」。這種情形常出現在診療室裡，尤其是不少個案所流露出來的氛圍是，這次離開診療室後，下次是否會再來？這常是治療師最困頓難解的疑問。這種常見的現象也許反映著，這種無可確定的深層心理，一如有人過了一生，最後說，人生像一場夢。這有不同的解讀，但以夢來比喻人生，意味著人生是需要被解讀、被分析，才有可能了解如夢般的多重可能性。但也如同夢的真正意義那般，「無可確定」。

　　這種態度和一般想像的，希望人性和生命要有明確的答案，是相衝突的，或者對我們來說，如何達成自己覺得生命是「無可確定」的感受，是需要一段時間，才

可以有所體會。這種說法和態度，在我們的文化背景是不乏其例，尤其是以佛禪宗的觀點來說，人生最後是一無所得，人是無法控制所有變數，讓人生全然活在自己所預期的情況裡；人生是充滿了不確定的因素。這些都構成了我們所說的，「無可確定」的感受，我們把這當作是一種重要的態度，並不是說，我們就已經深刻經驗了人生的「無可確定」。

我們將「無可確定」當作是一種態度，一種意識上要知道的，做為未來的某種狀態。我們相信在目前一步一步地想要多了解潛在動機的前提下，是否以此態度做為參考，是會影響我們和他人的互動，帶來不同的過程和結局，尤其是會涉及治療師在運用已知的精神分析理論時，我們對於這些已知的知識，抱持著無可確定的態度，終究會讓治療師維持好奇，而不是被已知的成就所淹沒。

Unconsoled（無可撫慰）：

以石黑一雄的同名小說《無可撫慰》為例，可以是很好的說明。當我們將焦點設定在，人在生命歷程裡，經歷大大小小的失落，帶來心智或精神的苦痛時，是否這些苦痛可以被了解、被撫慰？我們無意說，一定是無法被了解和無法被撫慰，但是我們也相信，是有不少「無可了解」且「無可撫慰」的失落和苦痛的存在。這

些失落和苦痛，一直在伸張自己的自體性，它們要表達自己的心聲。佛洛伊德在《哀悼與憂鬱》裡，預設了哀悼和憂鬱是面對失落後產生的兩種不同反應，「哀悼」被假設是接近正常的反應過程，而「憂鬱」則是無法妥適處理失落後的反應，不過，真有純粹的「哀悼」這件事嗎？是否這是任何人終究難以達到的處境？從嬰孩以降大大小小的失落經驗，有誰能夠不受影響地處理這些失落？我是主張，這是任何人都難以達成的境界。因此，任何人都有著不同程度的憂鬱，這個論點和生物學傾向的人所主張的憂鬱，不必然是相同的，但我也不是因此就主張，每個人都需要吃藥。也許這反映著，人都是在失落後的憂鬱裡活著。

佛洛伊德主張的，和「憂鬱」相對的「哀悼」，在實情上是人性的最高理想境界嗎？它真的曾在人世間存在？這麼問是有些強烈的質疑，並且和一般的想法有所不同了。我只是想要表達，正視人生失落的源遠流長，以及它如何影響著我們的人生和生活品質，甚至面對這些失落空洞的心情，是可以被撫慰的嗎？佛洛伊德假設有「哀悼」的存在，是否是一種「錯覺」（illusion）呢？並非要病理化人們，而是想像著這種臨床常見的實情，我們如何正視著它的存在，讓我們對於人性和心智的運作，有更多的了解。雖然一如佛洛伊德在《有止盡與無止盡的分析》裡主張，分析是無止盡的，也就是

「了解」也是無盡的，甚至無窮到無可了解。它們以我們在意識上很難了解或「無可了解」的方式存在著，對我們來說，有些是可以撫慰的失落和苦痛，有些是「無可撫慰」的失落和苦痛，有些只能被部分地撫慰，這些都同時存在；我們是傾向採取觀察和體會，「無可撫慰」的失落和苦痛的存在，但不是因此變得缺乏創造力的虛無。那麼，既然生命早年母嬰之間互動經驗裡的失落，可能是無可撫慰的，這樣，精神分析有終止的時候嗎？尤其是要如何述說這些經驗……

廢人心理學三部曲【第二部】廢人與曖昧

不是想死，只是不知道怎麼活下去

每個孤獨，都有自己的個性

作　　者｜蔡榮裕

執行編輯｜游雅玲

校　　稿｜葉翠香

封面設計｜楊啓巽

版面設計｜荷米斯廣告設計有限公司

印　　刷｜侑旅印刷事業股份有限公司

出　　版｜Utopie無境文化事業股份有限公司

地　　址｜802高雄市苓雅區中正一路120號7樓之1

電　　話｜07-3987336

E-mail｜edition.utopie@gmail.com

初　　版｜2020年9月

一版二刷｜2021年3月

I S B N　｜978-986-98242-6-2

定　　價｜380 元

國家圖書館出版品預行編目(CIP)資料

不是想死，只是不知道怎麼活下去：每個孤獨，都有自己的個性 / 蔡榮裕著. -- 初版.--高雄市：無境文化，2020.09 面 ；公分. -- (潛意識叢書；10)(廢人心理學三部曲.第二部.廢人與曖昧) ISBN 978-986-98242-6-2(平裝) 1.精神分析 2.心理治療　175.7　109011086